진리 분별

진리 분별

ⓒ 김홍만, 2018

초판 1쇄 발행 2018년 9월 5일

지은이	김홍만
이메일	reformerkim@gmail.com

펴낸이	이기봉
편집	좋은땅 편집팀
펴낸곳	도서출판 좋은땅
주소	경기도 고양시 덕양구 통일로 140 B동 442호(동산동, 삼송테크노밸리)
전화	02)374-8616~7
팩스	02)374-8614
이메일	so20s@naver.com
홈페이지	www.g-world.co.kr

ISBN 979-11-6222-671-1 (03230)

- 가격은 뒤표지에 있습니다.
- 이 책은 저작권법에 의하여 보호를 받는 저작물이므로 무단 전재와 복제를 금합니다.
- 파본은 구입하신 서점에서 교환해 드립니다.

이 도서의 국립중앙도서관 출판시도서목록(CIP)은 서지정보유통지원시스템 홈페이지(http://seoji.nl.go.kr)와 국가자료공동목록시스템(http://www.nl.go.kr/kolisnet)에서 이용하실 수 있습니다. (CIP제어번호 : CIP2018026747)

한국청교도연구소 신서 1

진리 분별

웨스트민스터 신앙고백서 해설

김홍만 지음

── Westminster Confession of Faith ──

좋은땅

목차

서언 ... 8

웨스트민스터 신앙고백서 신학
(Theology of the Westminster Confession of Faith)

    가. 웨스트민스터 신앙고백서의 역사
        - 신학적(Historical-Theological) 배경 ... 12
    나. 웨스트민스터 신앙고백서의 신학적 구조 ... 18
    다. 웨스트민스터 신앙고백서의 오류들에 대한 논박들 ... 29
    라. 웨스트민스터 신앙고백서의 현대적 유용성 ... 38

성경론
    제1장 성경 ... 44

신론
    제2장 하나님, 삼위일체 ... 64
    제3장 하나님의 영원한 작정 ... 71
    제4장 창조 ... 83
    제5장 섭리 ... 87

인간론
제6장 인간의 타락, 죄, 형벌   94

기독론
제7장 하나님의 언약   104
제8장 중보자 그리스도   113

구원론
제9장 자유의지   126
제10장 유효한 부르심   132
제11장 칭의   144
제12장 양자됨   154
제13장 성화   157
제14장 구원에 이르는 믿음   162
제15장 생명에 이르는 회개   168
제16장 선행   175
제17장 성도의 견인   183
제18장 구원의 확신   188

그리스도인의 생활론
제19장 하나님의 율법   198
제20장 그리스도인의 자유와 양심의 자유   206
제21장 예배와 안식일   211
제22장 합당한 맹세와 서원   219
제23장 시민 공직자   223
제24장 결혼과 이혼   227

교회론

제25장 교회	232
제26장 성도의 교통	238
제27장 성례	241
제28장 세례	244
제29장 주의 성찬	249
제30장 교회의 권징	254
제31장 대회와 총회	257

종말론

| 제32장 사후 상태와 죽은 자의 부활 | 262 |
| 제33장 최후 심판 | 264 |

후기: 웨스트민스터 신앙고백서 1903년 개정판과 한국장로교회
(Revision of the Westminster Confession of Faith 1903 and Korean Presbyterian Church)

가. 미국장로교회의 표준문서	268
나. 1903년의 웨스트민스터 신앙고백서의 개정	271
다. 웨스트민스터 신앙고백서 개정 이후와 신학적 평가	275
라. 한국장로교회와 웨스트민스터 신앙고백서	280

서 언

교회사 2,000년 동안 그리스도께서 세우신 진리는 마귀와 세상으로부터 공격을 받아왔다. 따라서 진리를 통하여 구원의 은혜를 경험하고 진리를 확신하였던 하나님의 사람들은 진리를 변호하였다. 하나님의 사람들은 진리를 변호할 때, 항상 오류와 이단들의 왜곡된 것을 지적하였다. 교회에 오류가 들어오면 잘못된 구원론이 확산되고 경건이 무너지는 것을 너무나 잘 알고 있었기 때문이었다. 이러한 오류와의 전쟁은 구약에서부터 사도시대를 거쳐 오늘날까지 계속되고 있다. 구약의 선지자들이 잘못된 가르침에 대해서 꾸짖었고(렘 28:15), 그리스도께서도 바리새인들과 사두개인들의 가르침에 대해 책망하였다(마 16:11, 12). 사도들도 다른 복음(갈 1:6-9), 거짓 선지자(벧후 2:1), 적그리스도(요일 2:18)라는 용어를 사용하면서 오류에 대해서 날카롭게 지적하였다. 사도 시대 이후에 교부 시대와 종교개혁 시대, 청교도 시대, 18-19세기의 영적대각성 시대에도 하나님의 사람들이 교회에 들어온 오류들과 이단의 잘못된 가르침에 대해서 지적하고 책망하였다. 물론 이들은 오류의 잘못된 것을 드러내기 진리를 더욱 분명하게 설명하였다.

이러한 시대들 가운데, 특별히 청교도 시대에 진리에 대한 변호와 오류의 거짓성을 더욱 분명히 하였다. 청교도들은 진리의 순수성을 확보해야만 교회의 확장과 하나님 나라의 진전이 있는 것을 알고 있었기 때문이다. 청교도들은 진리를 드러내고 오류의 거짓성을 밝히기 위해 진리를 명확하게 서술하였다. 진리를 가르치고, 오류를 분별하여 물리치는 것이 목회자들에게는 교회를 세우는 유일한 방법이었다. 토마스 왓슨(Thomas Watson)은 십계명의 제6계명(살인하지 말라)을 강론하면서, 진리를 가르치지 않아서 영혼을 굶어 죽이는 목회자를 살인자라고 하였고, 거짓 가르침을 가르쳐 영혼을 독살하는 목회자도 살인자라고 하였다. 그래서 청교도들은 진리를 선명하게 설명하고, 오류를 물리치기 위해서 신앙고백서를 작성하였다. 청교도들이 신앙고백서를 작성하였을 당시의 오류들은 오늘날 이 시대에도 여전히 유행하고 있는 것들이다. 따라서 웨스트민스터 신앙고백서는 이 시대에 진리와 오류에 대한 명백한 구분을 할 수 있는 진리의 기준이 되는데, 20세기의 개혁신학자인 존 머레이(John Murray)는 2,000년 교회사 속에서 웨스트민스터 신앙고백서와 견줄 수 있는 신조들과 신앙고백서는 없다고 하였다.

웨스트민스터 신앙고백서의 역사 신학적 배경을 깊이 이해하고, 신앙고백서 내용들이 어떠한 오류들을 논박하는 것인지를 안다면, 청교도들이 어떻게 오류를 교회에서 퇴치하였는지를 깨달을 수 있다. 더욱이 청교도들이 경계하였던 오류들이 이 시대에도 여전히 교회 속에서 유행하고 있다는 것과 이러한 오류들이 이 시대에는 더 이상 오류가 아니라고 하는 것에 충격받을 수도 있다. 따라서 본서를 통해서 독자들이 진리에 대한 서술을 확실히 하며, 한편으로 오류들을 물리쳐서 교회에 개혁이 일어나기를 바란다.

김홍만 목사 (Ph.D., 사우스웨스턴 신학대학원 교수)

웨스트민스터 신앙고백서 신학

(Theology of the Westminster Confession of Faith)

가. 웨스트민스터 신앙고백서의 역사
– 신학적(Historical–Theological) 배경

웨스트민스터 신앙고백서를 작성하였던 웨스트민스터 총회가 구성되었던 것은 우선 정치-사회적인 배경으로 인한 것이었다. 왜냐하면 웨스트민스터 신앙고백서를 비롯하여, 예배모범, 대요리문답서와 소요리문답서는 의회의 명령에 의하여 작성된 것이기 때문이다. 1638년에 스코트랜드 장로교회는 영국 국교의 기도문서 사용 요구에 대해서 정면으로 반대하였다. 그 당시 영국 왕이었던 찰스 1세는 스코트랜드를 공격하기 위해서 의회를 소집하였으나, 의회의 부정적인 태도로 인하여 연기하였다. 그 후 스코트랜드 장로교회와 영국 국교회는 1640년에 다시 충돌하였다. 찰스 1세는 의회를 다시 소집하였지만, 의회는 왕에 대해서 거부하였다. 영국의회는 왕과 정치-사회적인 것은 물론 종교적인 문제도 충돌하고 있었다. 이러한 상황에서 약 15,000명의 런던 시민들이 감독정치 폐지를 요구하는 'Root and Branch' 청원을 하원에 제출하였다. 청원의 내용은 감독정치로 인하여 오류와 무지가 교회에 쉽게 들어와 부패와 남용이 심각하다는 것이었다.[1] 따라서 1641년 11월 22일에 하원은 바른 교회 정치형태를 요구하는 항의 문서를 왕에게 제출하였다.[2] 그리고 1642년 7월에 의회는 교회와 국가의 개혁을 왕에게 요구하였다. 물론 왕은 의회의 요구를 거부하였다.[3]

1643년 5월 13일에는 웨스트민스터 총회를 위한 요구가 하원에 제출되었다. 의회는 왕의 반대를 무시하고, 6월 12일에 웨스트민스터 총회 소집을 위한 법령을 제정하였다.[4] 이 법령은 웨스트민스터 총회의 목적과 해야 할 일에 대해서 명시하였다. 총회의 구성 목적은 신앙의 순수성을 세우기 위한 것으로써 교회 정치가 완전하게 개혁되어야 하며, 지금 상태의 교회정치는 악이라고 하였다. 따라서 교회정치 형태는 성경적이어야 하며, 모든 잘못된 교리를 정화하고, 영국과 스코트랜드 교회와 외국 개혁교회와의 일치의 필요성을 말하였다.[5]

그리고 법령은 총회장으로서 윌리엄 트위세(William Twisse)를 지명하였다.[6] 법령에 따라서 웨스트민스터 총회는 1643년 7월 1일에 열렸다. 총회의 첫 번째 작업은 '39개 조항(Thirty Nine Articles)'을 개정하는 것이었다. 39개 조항의 개정 목적은 알미니안주의, 펠라기우스주의와 로마가톨릭의 오류를 제거하기 위한 것이었다.[7] 개정 작업은

1　Alexander Mitchell, *The Westminster Assembly Its History and Standards* (Edmonton: Still Waters Revival Books, 1992 [1883]), 97.
2　William Hetherington, *History of the Westminster Assembly of Divines* (Edmonton: Still Waters Revival Books, 1991 [1856]), 90.
3　William Hetherington, *History of the Westminster Assembly of Divines*, 93.
4　William Hetherington, *History of the Westminster Assembly of Divines*, 97.
5　William Hetherington, *History of the Westminster Assembly of Divines*, 97.
6　William Hetherington, *History of the Westminster Assembly of Divines*, 98.
7　John Leith, *Assembly at Westminster: Reformed Theology in the Making* (Eugene:

1643년 10월 12일에 15장까지 완성하였다. 16장 개정작업을 시작할 즈음에 신앙고백서와 교리문답서들의 필요성에 대해서 논의가 제안되었다. 그런데 1643년 8월 17일에 체결된 '엄숙 동맹과 언약(Solemn League and Covenant)'은 신앙고백서와 교회정치 형태, 예배 모범, 교리문답서의 필요성을 강조하였다. 그리고 '엄숙동맹과 언약'은 개혁신앙을 보존하고, 교리, 예배, 치리, 정치를 하나님의 말씀에 입각하여 세우며, 신앙고백서로 최고의 개혁교회 견본이 되게 하고, 바른 교리에 어긋나는 교황제도와 미신, 이단, 분리, 불경건을 근절시키기 위한 것이라고 하였다.[8]

'엄숙동맹과 언약'으로 인하여 9월 25일부터 스코트랜드 신학자들이 총회에 참여하였다. 그리고 의회는 1643년 10월에 총회로 하여금 예배모범을 작성하라고 지시하였다. 결국 총회는 39개조항의 개정 작업을 포기하고, 새로운 신앙고백서와 교리문답서, 예배모범을 작성하는 방향으로 선회하게 되었다. 스코트랜드 총회 회원의 참석으로부터 총회는 합의된 개혁 신학을 세우기 위해서 신앙 고백서와 교리 문답서와 예배 모범을 작성하게 된 것이다. 또한 '엄숙 동맹과 언약'으로부터 가장 먼저 해야 할 작업은 교회정치와 예배모범을 작성하는 것이었다. 이렇게 정한 이유는 총회 회원들 간에 이 분야에서 가장 많은 차이들이 존재하였기 때문이었다.[9] 따라서 총회는 1643년에서

Wipe&Stock, 1973), 26.
8 Alexander Mitchell, *The Westminster Assembly Its History and Standards*, 102, 103.
9 John Leith, *Assembly at Westminster: Reformed Theology in the Making*, 27. 총회회원들은 장로교주의자, 회중주의자, 감독주의자, 에라스티언주의자로 구성되었다. (William Baker, *Puritan Profiles* 참조)

1644년 사이에 '교회정치와 예배모범(Form of Government)'을 작성하였고, 1644년 8월 20일에 신앙고백서 작성위원들을 지명하였고, 위원들은 1646년 11월 26일에 신앙고백서를 완성하였다. 그리고 의회의 명령에 의해서 신앙고백서에 증거 성경구절을 넣어서 1647년 4월 5일에 웨스트민스터 신앙고백서를 완성하였다.[10]

총회는 이러한 정치-사회적 배경과 함께 신학적인 배경을 가지고 있다. 웨스트민스터 총회는 개혁신학 내에서 특정 주제들에 대하여 다양한 관점을 가진 신학자들의 회의였다. 예를 들어 총회원들 가운데 예정론에 대한 입장이 타락 전 선택설(Supralapsarianism)을 지지하는 자와 타락 후 선택설(Infralapsarianism)을 지지하는 자들이 같이 공존하고 있었다. 따라서 총회는 가장 중요한 주제들을 정해야 했다. 그러면서도 총회는 특정 학파의 특정한 신학들을 의도적으로 피했다. 실제적으로, 총회원이었던 에드워즈 레이놀즈(Edward Reynolds)는 웨스트민스터 신앙고백서 3장의 내용을 논의하면서, 논쟁적인 것과 스콜라주의적인 것을 신앙고백서에 넣지 말자고 하였다.[11] 그러나 총회는 개혁신학에서 보편적으로 동의하는 범위 안에 있어야 했다. 즉, 영국, 스코트랜드, 아일랜드의 개혁교회는 물론이거니와 대륙의 개혁교회와도 일치되는 개혁신학의 표현들을 의도했고, 그것을 찾았다.[12] 총회는 1,163번의 회의를 통해서 진행되었는데, 신앙고백서와 교리문답서

---

10 대요리문답서는 1647년 10월 5일에 완성하였고, 소요리문답서는 같은 해 11월 25일에 하원에 제출되었다.
11 John Leith, *Assembly at Westminster: Reformed Theology in the Making*, 38.
12 John Leith, *Assembly at Westminster: Reformed Theology in the Making*, 38.

들에서 사용되는 용어의 정확성과 분명성을 위해 많은 시간의 논쟁을 거쳤다. 이러한 배경에서 작성된 웨스트민스터 신앙고백서는 개혁신학 안에서 공동으로 합의될 수 있는 문서이다. 즉, 웨스트민스터 신앙고백서는 공동의 일치 혹은 합의를 위해서 절충된 문서이다.

한편으로, 총회는 고전적인 개혁신학의 범주에서 어긋난 오류를 제거하기 위한 목적을 가지고 있었다. 그 당시 영국교회에 혼동을 주고 경건을 위협하였던 오류들 가운데 으뜸은 알미니안주의였다. 알미니안주의는 찰스 1세 왕과 윌리엄 라우드(William Laud)로 인하여 정치적으로도 연관되어 있었으며, 신학적 혼동을 일으킨 신학이었다.[13] 물론 총회원들은 알미니안 신학의 위험성을 익히 알고 있어서 그것의 오류성을 분명하게 드러내고자 하였다.[14] 웨스트민스터 총회에서 또 하나의 분명한 오류는 로마가톨릭주의였다. 이는 엘리자베스 여왕 시대(1558-1603년)로부터 내려온 신학 논쟁이었다. 그래서 총회원들은 신앙고백서와 교리문답서들을 통해서 로마가톨릭의 오류를 드러내고 배격하고자 하였다.[15] 그리고 웨스트민스터 총회 당시 세 번째 오류는 도덕률폐기론주의이었다. 도덕률폐기론주의자들은 은혜를 강조하면서, 신비적 환상적 체험에 몰두하였는데, 웨스트민스터 신앙고백서는 이것의 오류를 지적하였다.[16] 총회는 이러한 오류 이외에도, 예수 그

---

13 Samuel Logan, "The Context and Work of the Assembly" in *To Glorify and Enjoy God: A Commemoration of the 350th Anniversary of the Westminster Assembly* (Edinburgh: Banner of Truth, 1994), 33.
14 John Leith, *Assembly at Westminster: Reformed Theology in the Making*, 41.
15 John Leith, *Assembly at Westminster: Reformed Theology in the Making*, 42.
16 John Leith, *Assembly at Westminster: Reformed Theology in the Making*, 42.

리스도의 신성을 부정하는 소시니안주의와 언약사상을 반대하는 재세례파의 오류를 심각한 것으로 보았고 이러한 오류들을 물리치기 위해서 신앙고백서의 문구들을 주의 깊게 서술하였다.[17]

결국 웨스트민스터 총회는 영국의 정치-사회적인 상황과 신학적 상황에서 열린 것이다. 의회와 찰스 왕의 갈등 구조 속에서 열렸는데, 특별히 켄터베리 대주교이었던 윌리엄 라우드(William Laud)로 인하여 신학적인 것이 되었다. 즉, 영국국교회가 감독정치를 지지하였고, 이것을 주장하였던 라우드의 전횡(專橫)으로 인하여 의회와 왕이 대립하였으며, 라우드는 알미니안주의를 지지하였던 자로서, 웨스트민스터 총회를 열리게 만든 신학적 배경을 제공한 것이다.[18] 그래서 웨스트민스터 총회는 오류를 제거하고 순수한 개혁신앙을 보존하며, 더욱 적극적으로 개혁신학을 세우고자 하는 노력을 하였다. 그것의 실제적인 방안은 웨스트민스터 신앙고백서와 예배모범, 그리고 교리문답서들을 작성하는 것이었다. 따라서 웨스트민스터 총회의 이러한 배경으로 인하여 작성된 웨스트민스터 신앙고백서는 개혁신학의 일치는 물론이거니와 신학의 영역에 있어서 정확하고, 분명하며, 포괄적인 서술을 담았다고 할 수 있다.[19]

---

17 John Leith, *Assembly at Westminster*: *Reformed Theology in the Making*, 43.
18 라우드에 대해서는 라우드 알미니안주의(Arminianism of Laud), 앵글로 가톨릭 라우드(Anglo Catholic Laud)라고 불렀다. (Alexander Mitchell, *The Westminster Assembly Its History and Standards* 참조)
19 Samuel Logan, "The Contest and Work of Assembly", 32.

나. 웨스트민스터 신앙고백서의 신학적 구조

웨스트민스터 신앙고백서는 그것을 작성하였던 총회원들의 다양성으로 인하여 불가피하게 절충된 문서이다.[20] 웨스트민스터 신앙고백서는 개혁신학에 있어서 공통적으로 동의하는 내용과 서술로 작성되었다. 웨스트민스터 신앙고백서는 새로운 신학의 형태와 내용을 서술하려고 하였던 것이 아니라, 하나님의 말씀에 가장 일치하는 것을 서술하려는 목적을 가지고 있었다. 따라서 웨스트민스터 신앙고백서가 서술하고 있는 신학적 내용은 개혁신학에서 언급하는 일반적인 것이다. 그럼에도 불구하고 총회는 가장 먼저 39개 조항을 개정하는 작업으로 시작하였다. 그리고 총회는 '엄숙동맹과 언약'을 통해서[21] 총회가 해야 할 일을 정하였으며, 신앙고백서를 작성할 때는 3개 위원회로 나누어서 그 주제를 배분하였다. 이러한 배경으로 인하여 웨스트민스

---

20 Robert Letham, *The Westminster Assembly* (Phillipsburg: P&R, 2009), 111.
21 이로 인하여 제임스 우서의 영향력과 함께 아일랜드 교회의 신앙고백서인 1615년의 Irish Articles 또한 웨스트민스터 신앙고백서 작성에 영향을 주었다. (Alex Mitchell ed., *Minutes of the Sessions of the Westminster Assembly of Divines*, liii)

터 신앙고백서는 구조에 있어서 특징을 가지게 되었다.[22] 또한 총회는 각 위원회에서 보고한 것을 마지막 작성 단계에서 그 배열을 정하였기 때문에 웨스트민스터 신앙고백서의 구조는 유럽 대륙의 신앙고백서들과 비교할 때 그 특징을 가지고 있다.[23] 따라서 웨스트민스터 신앙고백서의 장별 구조에서 나타난 특징들은 다음과 같다.

1) 웨스트민스터 신앙고백서 1장: 성경

웨스트민스터 신앙고백서 1장은 성경에 대한 것이다. 벤자민 윌필드(Benjamin Warfield)는 웨스트민스터 신앙고백서 1장이 성경을 다루고 있는 것은 신앙고백서의 근거이며, 출발인데 그 교리의 체계가 성경에 근거하고 있다는 것을 밝히기 위한 것이라고 하였다.[24] 이렇게 신앙고백서의 제1장에서 성경을 다루고 있는 것은 웨스트민스터 신앙고백서가 처음은 아니었다. 총회에 조정되었지만 잠석하지 않았던, 제임스 우서(James Ussher)와 그가 작성하였던 'Irish Article of Religion(1615)'에서는 성경을 가장 앞에서 다루었다. 이렇게 웨스트민

22　Alex Mitchell ed., *Minutes of the Sessions of the Westminster Assembly of Divines* (Edmonton: Still Waters Revival Books, 1991 [1874]), 112, 164. 제1위원회에는 하나님과 삼위일체, 하나님의 작정, 창조, 섭리, 견인, 그리스도인의 자유, 교회, 성도의 교제의 주제들이 배분되었고, 제2위원회에는 인간의 타락과 죄, 그리고 심판, 자유의지, 은혜언약, 중보자 그리스도, 교회의 직원, 대회와 성례들, 세례와 성찬의 주제가 배분되었다. 그리고 제3위원회에는 유효한 부르심, 칭의 양자됨, 성화, 율법, 신앙, 예배의 주제가 배정되었다. (Alex Mitchell, *The Westminster Assembly Its History and Standards*, 359 참조)

23　프랑스 신앙고백서(1559), 벨직 신앙고백서(1561)와 비교될 수 있다.

24　Benjamin Warfield, *The Westminster Assembly and Its Work* (Edmonton: Still Waters Revival Books, 1991 [1959]), 155.

스터 신앙고백서 1장에서 성경을 다루게 된 것은 총회에 참석하였던 스코트랜드 신학자인 조오지 길레스피(George Gillespie)의 주장으로 인한 것이다.[25]

웨스트민스터 신앙고백서 1장에서 성경을 다루면서 교리와 신학의 근거가 성경에 있다는 것을 분명히 하였는데, 그 당시의 로마가톨릭주의와 도덕률폐기론주의, 퀘이커주의를 반박하기 위한 것이다. 로마가톨릭은 교리를 서술하는 것에 있어서 그들의 전통을 중요시하였으며, 도덕률폐기론주의자들과 퀘이커주의자들은 환상적 체험을 성경 이상으로 가치 있는 것으로 여겼기 때문에 이들을 논박하기 위하여 웨스트민스터 신앙고백서 1장에서 성경에 대한 서술을 하였다.[26] 또한 웨스트민스터 신앙고백서 1장 2항에서 신구약 성경의 책별 목록이 열거되고, 3항에서 외경에서 대해 서술한 이유는 로마가톨릭교회가 외경을 자신들의 정경 안에 두었기 때문이다.[27]

2) 웨스트민스터 신앙고백서 3장: 하나님의 영원한 작정

웨스트민스터 신앙고백서 3장은 하나님의 영원한 작정(God's Eternal

---

25 David Hall, *Windows on Westminster* (Norcross: Great Commission Publications, 1993), 60, 61.
26 David Dickson, *Truth's Victory over Errors: or The True Principles of the Christian Religion* (Glasgow: John Bryce, 1764), 30. A. A. Hodge는 웨스트민스터 신앙고백서 1장을 가지고 19세기의 긍정철학자이었던 오귀스트 콩트, 존 스튜어트 밀, 허버트 스펜서를 논박하였다. (A. A. Hodge, *Commentary on Confession of Faith*, 45)
27 A. A. Hodge, *Commentary on Confession of Faith* (Philadelphia: Presbyterian Board of Publication, 1869), 54.

Decree)을 다루었다. 웨스트민스터 신앙고백서 2장에서 삼위일체 교리를 다룬 다음에 하나님의 작정을 다룬 것은 웨스트민스터 신앙고백서의 구조의 특징이다.[28] 예정의 신비를 신중하고 조심스럽게 다루기 위하여 장을 할애하였다. 총회의 총회장은 윌리엄 트위세(William Twisse)는 타락 전 선택론자였다. 그는 타락 전 선택론이 논리적으로 균형을 이룬다고 주장하였다. 그러나 반대하는 자들은 타락 전 선택론이 하나님을 죄의 저자로 본다고 하였다. 결국 총회는 이러한 논쟁을 하지 못하게 하였다.[29] 그리고 계속되는 논의 속에서 작정에 대한 단어도 복수보다는 단수로 서술하였다.[30] 이렇게 하나님의 영원한 작정을 다룬 것은 그 당시의 교회의 상황으로 인한 것이었는데, 영국 국교회가 알미니안주의에 치우쳐 있었기 때문이다.[31]

3) 웨스트민스터 신앙고백서 7장: 하나님의 언약

웨스트민스터 신앙고백서 7장은 언약신학을 다루고 있다. 웨스트민스터 신앙고백서 7장에서 하나님의 언약을 행위언약과 은혜언약으로 구분하였다. 행위언약이라는 용어를 사용한 것은 토마스 카트

---

28 Charles Brown, "The Leading Features and Excellencies of the Westminster Standards" in *Bicentenary of the Assembly Divines* (Edinburgh: Kennedy, 1843), 108.
29 Robert Dabney, "Doctrinal Contents of Confession: Its Fundamental and Regulative Ideas, and the Necessity and Value of Creeds", in *Memorial of the Westminster Assembly 1647-1897* (Richmond: The Presbyterian Committee of Publication, 1897), 97, 98.
30 Alex Mitchell ed., *Minutes of the Sessions of the Westminster Assembly of Divines*, 150.
31 T. D. Witherspoon, "The Westminster Assembly" in *Memorial of the Westminster Assembly 1647-1897* (Richmond: The Presbyterian Committee of Publication, 1897), 62.

라이트(Thomas Cartwright)와 두드리 패너(Dudley Fenner)부터이다.[32] 이들 이후에 윌리엄 퍼킨스(William Perkins), 제임스 우서가 행위언약과 은혜언약으로 구분하여 사용하였다.[33] 그리고 웨스트민스터 신앙고백서가 작성될 당시, 언약신학에 대해서 존 볼(John Ball)의 'A Treatise of the Covenant of Grace(은혜언약의 논거)' 작품이 직접적인 영향을 주었는데,[34] 볼 역시 행위언약과 은혜언약으로 구분하여 하나님의 언약을 설명하였다. 웨스트민스터 신앙고백서 7장은 이러한 역사적 배경 속에서 서술되었다. 웨스트민스터 신앙고백서 7장 1항에서는 창조주 하나님께서 자발적으로 낮추시어(condescension) 피조물인 인간에게 오셔서 언약을 베풀어주신 것을 강조하고 있다.[35]

그리고 언약의 요소에 있어서 하나님의 주권과 인간의 책임을 같이 강조하였다. 웨스트민스터 신앙고백서 7장 2항 이하로 하나님의 언약을 행위언약과 은혜언약으로 구분하였다. 인간의 행위로 구원을 이룰 수 없음을 강조하고, 오직 하나님의 은혜로 구원이 일어남을 설명하였다. 그리고 은혜언약을 구속사적 관점에서 설명하였다. 한편으로 율법을 은혜언약 가운데 포함시켰다. 웨스트민스터 신앙고백서 7장

---

32 Andrew Woolsey, *Unity and Continuity in Covenantal Thought* (Grand Rapids: Reformation Heritage Books, 2012), 443.
33 William Perkins, *Golden Chaine* (Cambridge: Cambridge University, 1600), 36; James Ussher, *A Body of Divinity* (Birmingham: Solid Ground Christian Books, reprint 2007), 110.
34 이 작품은 청교도들 사이에 찬사를 받은 것이며, 웨스트민스터 총회회원인 에드워드 레이놀즈(Edward Reynolds)와 에드먼드 칼라미(Edmund Calamy)와 다른 총회회원들에 의해 추천된 작품이었다. (Alex Mitchell, ed., *Minutes of the Sessions of the Westminster Assembly of Divines*, lx)
35 *Westminster Confession of Faith*, 7.1.

의 하나님의 언약에 대한 이러한 설명은 인간의 책임만을 강조하고, 하나님의 주권을 무시하였던 알미니안주의를 배격하기 위한 것이며, 한편으로 하나님의 주권만을 강조하고 인간의 책임을 무시하였던 도덕률폐기론주의에 대한 반론의 목적이 있었다.[36]

4) 웨스트민스터 신앙고백서 10-18장: 구원의 서정과 그리스도와의 연합 및 구원의 증거들

웨스트민스터 신앙고백서 10장에서 18장까지의 서술들은 구원의 서정(Ordo Salutis)의 형식을 가지고 있다.[37] 청교도에 있어서 구원의 서

---

36 John Leith, *Assembly at Westminster: Reformed Theology in the Making*, 95.
37 구원의 서정(Ordo Salutis)이라는 용어는 1720년대 중반에 루터파 신학자들에 의해 사용되기 시작하였다. (Hendrikus Berkhof, *Christian Faith*, 478) 개혁신학에서의 일반적인 구원의 서정에 대한 순서는 부르심-중생-믿음-칭의-성화-성도의 견인-영화이다. (Muller, *Calvin and the Reformed Tradition*, 161)
그런데 웨스트민스터 신앙고백서에서는 정형화된 구원의 서정을 강조하는 것이 아니라, 은혜의 원인과 효과에 의한 것과 그리고 구속의 적용에 있어서 은혜 단계에 따른 구원의 서정을 말한다. 이것에 대해서 이은선은 웨스트민스터 신앙고백서에서 구원의 서정이란 용어를 사용하지만, 구원의 서정에 관심을 가지고 있었으며, 그것은 논리적 순서로 배치된 것은 아니라고 하였다. (이은선, 웨스트민스터 신앙고백서의 구원론, 121, 124)
그럼에도 불구하고, 토렌스는 웨스트민스터 총회의 신학자들의 구원의 서정은 그리스도와의 연합으로 인도하는 일련의 과정을 가지고 있다고 하였다. (T. F. Torrence, *Scottish Theology*, 129) 토렌스의 지적은 성령의 유효한 역사로 인하여 일어난 믿음으로 그리스도를 받아들이는 것과 그로 인하여 그리스도와의 연합을 설명한 대요리문답 68-70을 이해하지 못한 것으로 보인다.
비록 웨스트민스터 신앙고백서에서 그리스도와의 연합교리에 대해서 장을 할애해서 다루지는 않았지만 13장 1항, 16장 6항, 17장 2항은 그리스도와의 연합교리에 대해서 설명하고 있으며, 11-13장을 전체로 보면 연합교리를 설명하고 있다. 더욱이 이은선은 웨스트민스터 신앙고백서 11장과 26장 1항, 28장 1항도 연합교리를 설명하고 있다고 하였다. (이은선, 웨스트민스터 신앙고백서의 구원론, 122, 123)

정 방식의 서술은 윌리엄 퍼킨스의 '황금 사슬'(1591년)로부터이다.[38] 퍼킨스가 구원의 서정 방식을 택한 이유는 예정을 설명하려는 변증적 목적이 있었다. 인간의 행위 혹은 협력이 구원의 요소들이 아니라 하나님의 은혜라는 것을 설명하기 위한 것이다. 그래서 퍼킨스의 구원의 서정 방식은 치밀하게 조직적이기 보다는 구원의 원인적 순서를 설명하기 위한 목적이며, 그 내용은 은혜의 실행에 초점을 두고 있다.[39] 이러한 구원의 서정 방식의 서술은 윌리엄 에임스(William Ames)로 이어졌다.[40] 따라서 웨스트민스터 신앙고백서의 구원의 서정 방식의 서술은 퍼킨스와 에임스의 저작들로부터 영향을 받은 것이다.[41]

웨스트민스터 신앙고백서 3장에서 하나님의 작정, 웨스트민스터 신앙고백서 7장에서는 하나님의 언약, 그리고 웨스트민스터 신앙고백서 8장에서 은혜언약의 중재자로서 그리스도를 다루었다. 이러한 구조와 순서들은 구원의 근거들을 설명하는 것이다. 그리고 웨스트민스터 신앙고백서 10장에서 유효한 부르심을 시작으로 하여 구원이 실제화되는 것을 진행적(ongoing)으로 그리고 완성을 향하여(outworking) 가는 것으로 설명하였다.[42] 웨스트민스터 신앙고백서 10장의 유효한 부르심은 구원이 오직 하나님의 은혜에 의한 것이며, 인간에게 어떤 것도 없음을 분명히 하고 있다. 특별히 믿음과 회개가 하나님의 선택에 근거하고 있음을 분명히 하고 있는데, 이것은 그 당시의 알미니안주

---

38 William Perkins의 *Exposition of Symbole*(1595)도 구원의 서정 방식을 택하였다.
39 William Perkins, *Golden Chaine* (Cambridge: University of Cambridge, 1600), 23.
40 William Ames, *The Marrow of Theology* (Grand Rapids: Baker, 1997 [1629]) 참조.
41 Alexander Mitchell, *The Westminster Assembly: Its History and Standards*, 344.
42 John Leith, *Assembly at Westminster: Reformed Theology in the Making*, 246.

의를 논박하기 위한 것이다. 웨스트민스터 신앙고백서 11장은 칭의를 다루었는데, 유효한 부르심과 연결하였다. 칭의를 하나님께서 자신의 선택한 백성에게 은혜를 베푸신(성령에 의해 그리스도에게로 그들을 이끌어내신) 결과로 설명하였다.

웨스트민스터 신앙고백서 11장 1항은 로마가톨릭의 칭의 교리와 알미니안주의의 칭의 교리가 오류인 것을 드러내고, 2항은 도덕률폐기론주의의 오류를 논박하는 것이다.[43] 웨스트민스터 신앙고백서 12장에서는 양자됨을 설명하였는데, 의롭게 되었다면 또한 양자되었음을 의미하는 것이다.[44] 그리고 웨스트민스터 신앙고백서 13장에서는 성화를 다루었는데, 이중적으로 설명하였다. 즉, 성화가 그리스도와의 연합으로 즉각적으로 일어나는 것과 평생에 지속되는 것으로 설명하였다.[45] 분명히 이러한 설명은 성화를 무시하는 도덕률폐기론주의를 논박하는 것이다. 이렇게 웨스트민스터 신앙고백서는 10장에서 13장까지 분명하게 구원의 서정의 구조를 가지고 있다.

웨스트민스터 신앙고백서 14장과 15장에서 구원의 믿음과 생명에 이르는 회개를 다루었는데, 이는 성화 다음으로 믿음과 회개를 설명한 것이다. 그러나 20세기의 웨스트민스터 신앙고백서를 해설하였던

---

43 John Leith, *Assembly at Westminster: Reformed Theology in the Making*, 269, 270.
44 대요리문답서 69에서는 그리스도와의 연합으로 인하여, 칭의, 양자됨, 성화가 일어남으로 설명하고 있다.
45 웨스트민스터 신앙고백서 13장 1항은 즉각적 성화를(롬 6:6, 14) 언급하였고, 1항에서 3항까지는 지속적인 성화를 말하였다. 20세기의 웨스트민스터 신학교 조직신학 교수이었던 존 머레이는 결정적(definitive) 성화와 점진적(progressive) 성화라는 용어를 사용하였다.

윌리엄슨(G. I Williamson)은 믿음과 회개를 웨스트민스터 신앙고백서 10장의 유효한 부르심 다음으로 편집하여 놓았다.[46] 아마도 윌리엄슨은 논리적 순서에 더욱 염두를 두었던 것으로 보인다. 그러나 웨스트민스터 신앙고백서에서 성화 다음으로 믿음과 회개의 순서로 설명한 것에는 이유가 있었는데, 진정한 믿음과 거짓 믿음 그리고 진정한 회개와 거짓 회개를 구별하기 위한 것이었다. 이것은 그 당시 교회의 경건을 무너트리는 위선자들을 참된 신자들로부터 구별하기 위한 것이다. 이러한 이유 때문에 웨스트민스터 신앙고백서 14장의 제목도 구원의 믿음이며, 웨스트민스터 신앙고백서 15장의 제목은 생명의 회개이다. 더욱이 웨스트민스터 신앙고백서는 역사적 믿음과 일시적 믿음을 구원의 믿음으로부터 구별하였으며, 율법적 회개를 생명의 회개 혹은 복음적인 회개로부터 구별하였다.[47]

웨스트민스터 신앙고백서 16장은 선한 행위를 다룸으로 진정한 믿음과 회개의 실제적 효과와 증거들을 설명하였다. 물론 이 부분은 로마가톨릭을 논박하기 위한 부분이다. 더욱이 웨스트민스터 신앙고백서 16장은 보통의 분량보다 많다. 그 이유는 그 당시 유행하고 있었던 도덕률폐기론주의를 논박하기 위한 것이다. 한편으로 이는 그리스도와의 연합이 함축하고 있는 것을 서술하는 것이다.[48] 웨스트민스터

---

46 G. I. Williamson, *The Westminster Confession of Faith: For Study Classes* (Phillipsburg: P&R, 1964) 참조.
47 Robert Shaw, *An Exposition of the Confession of Faith of the Westminster Assembly of Divines* (Edinburgh: John Johnstone; 1846), 148, 149, 155.
48 16장 6항을 참조하라.

신앙고백서 17장은 성도의 견인을 다루고 있다. 이 부분은 웨스트민스터 신앙고백서 14장에서부터 다루고 있는 진정한 구원의 은혜의 증거와 효과 부분으로 볼 수 있다. 형식적인 신앙고백으로 교회에 들어왔다 할지라도 이름만 가지고 있는 명목적 신자들은 그리스도와의 연합 상태가 아니며, 따라서 그들에게는 성도의 견인이 없다는 것을 설명한다.[49] 신학적으로는 성도의 견인을 반대하는 알미니안주의를 논박하기 위한 것이다.

웨스트민스터 신앙고백서 18장은 구원의 확신에 대해서 서술하였다. 1항에서 직접적으로 위선자들과 거듭나지 않은 사람들의 거짓 구원의 확신에 대해서 논박하였다. 따라서 웨스트민스터 신앙고백서 10장에서 13장까지 구원의 서정의 구조를 가지지만, 웨스트민스터 신앙고백서 14장부터 18장까지는 진정한 믿음과 회개에 대한 증거와 열매 측면에서의 논증으로 볼 수 있다. 신학적으로 웨스트민스터 신앙고백서 18장은 구원의 확신이 불가능하다고 말하는 로마가톨릭주의와 최종적 구원에 대한 확신을 부정하는 알미니안주의를 배격하는 것이다.[50]

5) 웨스트민스터 신앙고백서 20, 23장: 그리스도인의 자유와 교회의 자유

웨스트민스터 신앙고백서 20장은 기독교인의 자유와 양심의 자유

---

49 Robert Shaw, *An Exposition of the Confession of Faith of the Westminster Assembly of Divines*, 173.
50 Robert Shaw, *An Exposition of the Confession of Faith of the Westminster Assembly of Divines*, 183.

에 대한 서술이다. 특히 2항은 하나님의 말씀에 위반되는 인간의 전통과 계명에 복종하지 않을 자유를 누리며, 예배와 믿음에 관한 문제에 대해서도 오직 하나님의 권위에만 복종하고, 인간의 권위에 불복종하는 자유를 갖는다는 것을 말한다. 분명 이 조항은 인간의 권위에 복종해서 하나님 말씀에 위반되는 교리를 믿거나 그런 계명에 복종하는 것은 양심의 참된 자유를 배반하는 것이라는 것이다. 2항은 그 당시 세상 통치자와 교회의 지도자들에 의해서 예배의 형식 혹은 의식과 예전이 강요된 상황을 고발하고, 영국 국교회와 로마가톨릭교회의 전횡적인 횡포를 강하게 비판하는 것이다.[51]

웨스트민스터 신앙고백서 23장의 국가 공직자에서도 같은 내용을 말하는데, 3항에서 국가공직자는 말씀과 성례를 집행하는 권한이나 천국 열쇠의 권세를 취하여서는 안된다고 하였다. 이것 역시 그 당시 에라스티언주의자들(Erastians)[52]을 논박하기 위한 내용이다. 국가 공직자가 교회의 내부 문제에 관여할 수 없음을 분명히 하면서, 신앙의 논쟁과 양심의 문제를 결정하는 것은 대회와 총회의 권한이라고 하였던 것이다.[53] 이렇게 웨스트민스터 신앙고백서 20장과 23장은 그리스도인의 자유와 교회의 자유를 분명히 밝혔다. 이것은 영국 국교회와 로마가톨릭의 관습을 반대하는 것이었다.

51　Robert Shaw, *An Exposition of the Confession of Faith of the Westminster Assembly of Divines*, 205, 206.
52　에라스티언주의(Erastianism)라는 말은 토마스 에라스투스(Thomas Erastus, 1524-1583)의 주장으로부터 유래된 것이다. 에라스투스는 교회의 치리 문제와 교회와 국가의 관계에 있어서 국가가 교회보다 우위에 있다고 주장하였다.
53　*Westminster Confession of Faith*, 31:3.

다. 웨스트민스터 신앙고백서의 오류들에 대한 논박들

웨스트민스터 신앙고백서를 작성할 때, 개혁신학의 범주 안에서 영국, 스코트랜드, 아일랜드는 물론이거니와 해외의 개혁교회도 공감할 수 있는 것에 초점을 두었다. 따라서 논쟁적인 것을 의도적으로 피하고, 경우에 따라서 그 용어들도 절충하였다. 그러면서도 정확하고 분명한 개혁신앙의 서술을 하였다. 이것은 총회에 방향을 설정하여준 '엄숙동맹과 언약'(1643년)에 영향을 받은 것이다. '엄숙동맹과 언약'은 개혁신앙을 보전하고, 가장 최고의 개혁교회 모범에 해당되는 개혁신앙을 세우는 것이 급선무라고 하였다.[54] 이러한 목적 아래에서 총회원들은 웨스트민스터 신앙고백서를 작성하는 것에 있어서 결코 용납할 수 없는 오류들이 있었다. 따라서 총회원들은 웨스트민스터 신앙고백서를 작성하면서 개혁신학의 범주에 넣을 수 없는 신학들과 오류들에 대해서 논박하였다. 웨스트민스터 신앙고백서에서 오류로 보고 그것

---

54 Samuel Gardiner ed., *The Constitutional Documents of the Puritan Revolution 1625-1660* (Oxford: Clarendon Press, 1958), 268.

을 논박하였던 것은 로마가톨릭주의, 알미니안주의, 도덕률폐기론주의, 소시니안주의 등이었다.[55]

1) 로마가톨릭주의

엘리자베스 여왕시대로부터 거의 모든 청교도들은 로마가톨릭주의의 오류에 대해서 논박하였다. 1578년 존 레이놀즈(John Reynolds)는 로마가톨릭주의와 논쟁을 시작하여, 그 당시 교황주의자로 유명하였던 로버트 벨라르마인(Robert Bellarmine)과 논쟁하였다.[56] 그리고 1583년에 토마스 카트라이트는 로마가톨릭이 오류와 미신적인 것들을 낱낱이 파헤친 작품을 출판하는 시도를 하였다.[57] 또한 1603년에 조오지 도우네임(George Downame)은 'A Treatise concerning Antichrist(적그리스도에 관한 논거)'를 출판하여 로마가톨릭교회가 적그리스도의 회중이라고 하였으며, 벨라르마인에 대해서 반박하는 논증을 하였다.[58] 윌리엄 퍼킨스는 개혁교회와 로마가톨릭교회가 다르다는 것을 논증하

---

55 이외에도 퀘이커주의와 재세례파를 논박하였다. 웨스트민스터 신앙고백서 1장에서는 직접계시의 지속성을 강조하는 퀘이커주의를 논박하였고, 웨스트민스터 신앙고백서 7장 5항에서는 언약의 연속성을 부정하는 재세례파를 논박하였다. 그리고 20장의 양심의 자유에서도 재세례파를 논박하였다.
56 Benjamin Brook, *The Lives of the Puritans* (Morgan: Soli Deo Gloria, 1994 [1813]), 177.
57 Joel Beeke and Randall Pederson, *Meet the Puritans* (Grand Rapids: Reformation Heritage Books, 2006), 131.
58 George Downame, *A Treatise Concerning Antichrist Divided Into Two Bookes, the Former, Proving that the Pope Is Antichrist, the Latter, Maintaining the Same Assertion, Against All the Obiections of Robert Bellarmine, Iesuit and Cardinall of the Church of Rome* (Biblio Bazaar, 2010) 참조.

는 'A Reformed Catholike(개혁 보편교회)'를 1597년에 출판하였으며, 제임스 우서는 1624년 교황주의자들을 논박하는 'An answer to a challenge made by a Jesuit in Ireland(아일랜드 예수회의 도전에 대한 답변)'를 출판하였다.[59] 이들은 모두 웨스트민스터 총회회원에게 영향을 준 자들이었다.

더욱이 로마가톨릭과의 충돌은 웨스트민스터 총회가 열린 상황에서도 계속되었다. 따라서 총회원들은 회의 가운데 그들을 교황주의자(papist)라고 부르면서 로마가톨릭교회의 오류에 대해서 논의하였고, 그것은 개혁신앙과 결코 함께할 수 없는 것이라고 선언하였다.[60] 총회원들은 교황주의 혹은 로마가톨릭을 우상숭배적인 것으로 여겼다. 따라서 웨스트민스터 신앙고백서에는 교황주의를 배격하는 내용이 적지 않다. 웨스트민스터 신앙고백서 1장 3항의 언급은 외경과 교회의 전통을 믿음과 신앙의 규칙으로 삼는 로마가톨릭에 대한 논박이다. 그리고 웨스트민스터 신앙고백서 6장 5항은 본성의 부패를 믿지 않는 로마가톨릭의 교리를 배격하고 있다.

웨스트민스터 신앙고백서 11장 1항과 2항은 이신칭의 교리를 가장 왜곡시켰던 로마가톨릭의 오류를 드러내는 것이며, 14장 2항은 성경에 계시된 진리에 동의하는 것을 믿음으로 보는 로마가톨릭교회의 오류를 밝히고 있다. 웨스트민스터 신앙고백서 15장 3항에서는 고해성사 혹은 고행을 통해 죄를 보상하는 행위를 회개로 간주하는 로마가톨

---

59   Francis Bremer, Tom Webster eds., *Puritan and Puritanism in Europe and America* Vol 1 (Santa Barbara: Abc Clio, 2006), 254.
60   Alex Mitchell ed., *Minutes of the Sessions of the Westminster Assembly of Divines*, 264.

릭의 오류를 거부하고 있다.[61] 웨스트민스터 신앙고백서 16장 3-5, 7항은 선행을 구원의 근거로 보는 로마가톨릭 교리를 반대하는 직접적인 서술이다. 웨스트민스터 신앙고백서 20장 2항에서 '하나님은 자신의 말씀에 위배되는 인간의 교리와 명령은 물론 예배나 믿음에 관한 문제와 관련하여 양심을 자유롭게 하신 것'으로 설명하고 있는데, 이것은 성경에 근거하지 않은 예식을 강요하는 로마가톨릭의 오류에 대한 직접적인 논박의 말이다.

이러한 논박은 웨스트민스터 신앙고백서 21장 1, 2항의 예배에 대한 설명에서도 계속되었다. 그리고 웨스트민스터 신앙고백서 21장 4항의 죽은 자들을 위해 기도하지 말라는 조항도 로마가톨릭의 오류에 대한 지적이다. 또한 웨스트민스터 신앙고백서 27장의 성례, 28장의 세례, 그리고 29장의 성찬은 로마가톨릭의 교리가 위험한 오류라는 것을 증거하고 있으며, 29장 4-8항에서는 화체설을 오류라고 하였다.

2) 알미니안주의

영국 교회에서 알미니안주의는 16세기 말 캠브리지대학의 윌리엄 바렛(William Barett)으로부터 시작되었다. 물론 제임스 1세가 칼톤(Carlton), 홀(Hall), 데이브난트(Davenant), 와드(Ward)를 알미니안주의를 논박하는 돌트 회의(Dort Synod, 1618-1619)에 파송하였지만, 그것은 형식적인 것이었다. 이 당시 이미 알미니안주의는 영국 국교에 상당

61　Robert Shaw, *An Exposition of the Confession of Faith of the Westminster Assembly of Divines*, 158.

한 영향을 미치고 있었다.[62] 그 증거로서 제임스 1세는 1622년 지침서를 발행하였는데, 예정론, 선택, 유기, 그리고 불가항력 은혜의 교리들에 대해서 설교하지 못하도록 규정하는 것이었다. 그리고 1624년 리차드 몬태규(Richard Montagu, 1577-1641)가 'A New Gagg for an Old Goose(늙은 거위를 위한 새로운 재갈)'를 출판하였는데, 칼빈주의를 반대하는 논문이었다.

제임스 1세가 죽고, 그의 아들 찰스 1세가 1625년에 즉위하였는데, 이때 윌리엄 라우드(William Laud)는 찰스 1세의 조력자가 되었다. 라우드는 1633년 켄터베리 대주교가 되었는데, 철저한 알미니안주의자였다. 따라서 이 당시 영국국교회는 라우드의 영향력 아래에서 알미니안주의와 로마가톨릭의 의식이 어울어진 라우드주의(Laudianism)를 따라가고 있었다.[63] 라우드주의에 대항하였던 스코트랜드 장로교회는 1638년에 국민언약을 맺었다. 그리고 1643년에는 스코트랜드, 아일랜드, 잉글랜드 교회가 '엄숙동맹과 언약'을 맺어서 라우느와 찰스 1세에 대항하였다. 이러한 배경에서 열린 웨스트민스터 총회는 당연히 알미니안주의의 오류에 대해서 철저히 논박할 수밖에 없었다.

따라서 웨스트민스터 신앙고백서의 장들 가운데 알미니안주의를 논박하고 있는 내용들이 많다. 하나님의 작정에 대한 설명을 하고 있는 웨스트민스터 신앙고백서 3장은 우선적으로 하나님의 작정을 조건적

62　Nicholas Tyacke, *Anti-Calvinists: The Rise of English Arminianism* (Oxford: Clarendon Press, 1991), 4장 참조.
63　Nicholas Tyacke, *Anti-Calvinists: The Rise of English Arminianism*, 246, 247.

으로 보고, 하나님의 선택을 반대하는 알미니안주의를 논박하는 것이다.[64] 그리고 웨스트민스터 신앙고백서 7장 2항에서는 아담이 인류의 대표자라는 명제를 거부하는 알미니안주의에 대한 서술이다. 웨스트민스터 신앙고백서 9장의 자유의지에서는 회개에 있어서 인간의 의지를 강조하는 알미니안주의에 대해서 배격하는 것이다. 계속해서 웨스트민스터 신앙고백서 10장 2항에서는 성령의 유효한 역사와 그것의 불가항력적인 것을 설명하고 있는데, 이것은 성령의 사역이 인간의 자유의지에 달려있다고 하는 알미니안주의를 논박하는 것이다.[65]

웨스트민스터 신앙고백서 11장 2항에서 믿는 행위가 의롭다 함을 받는 근거라고 말하는 알미니안주의에 대해서 '하나님은 믿음 자체나 믿는 행위나 그 외의 다른 복음적인 순종을 그들의 의로 여기지 않으시고'라는 말로 배격하고 있다.[66] 웨스트민스터 신앙고백서 17장의 성도의 견인교리는 알미니안주의를 직접적으로 논박하는 것이며, 18장 1, 2항의 구원의 확신에 대한 설명에서 사용된 '거짓된 소망(false hopes, fallible hope)'이란 용어들은 유효한 역사를 반대하고, 스스로의 믿음을 가지고 구원받았다고 생각하는 알미니안주의를 반대하는 강력한 말들이다.

---

64 Robert Shaw, *An Exposition of the Confession of Faith of the Westminster Assembly of Divines*, 41.
65 Robert Shaw, *An Exposition of the Confession of Faith of the Westminster Assembly of Divines*, 121.
66 Robert Shaw, *An Exposition of the Confession of Faith of the Westminster Assembly of Divines*, 128.

3) 도덕률폐기론주의

1630년대로부터 영국 교회 내에 도덕률폐기론주의자들이 일어나기 시작하였다. 존 이튼(John Eaton)은 도덕률폐기론주의자로서 1630년대 초부터 가르치기 시작하여서, 토비아스 크리스프(Tobias Crisp), 존 심슨(John Simpson), 존 살트마쉬(John Saltmarsh)가 이튼을 이어서 도덕률폐기론주의를 가르쳤다.[67] 이튼은 1642년 'Honeycomb of Free Justification by Christ Alone(오직 그리스도에 의해 거저 주는 칭의의 벌집)'이라는 책을 출판하였고 이로써 도덕률폐기론주의는 영국 교회에서 확대일로에 있었다. 따라서 웨스트민스터 총회는 영국교회에서 유행하기 시작한 도덕률폐기론주의에 대해서 집중적으로 논의하였다.[68] 이 논의에서 탁월한 역할을 하였던 이는 가타커(Gataker)이었다.[69] 물론 총회원이었던 안토니 버게스(Anthony Burgess)는 총회기간 가운데 'Vindiciae Legis: or A Vindication of the Morall Law and The Covenants, From the Errours of Papists, Arminians, Socinians, and more especially, Antinomians(입법의 청구, 1646)'와 'The True Doctrine of Justification Asserted and Vindicated from Errours of Papist, Arminians, Socinians, and more especially Antinominas(바른 이신칭의 교리, 1646)'를 출판하여 도덕률폐기론주의가 오류인 것을 분명히 하였다.

---

67 Francis Bremer, Tom Webster eds., *Puritan and Puritanism in Europe and America* Vol 2: 306.
68 이 논쟁은 구속의 범위에 대한 것이었다. (이은선, 웨스트민스터 신앙고백서의 구원론 참조)
69 Alex Mitchell ed., *Minutes of the Sessions of the Westminster Assembly of Divines*, xxxiv.

웨스트민스터 신앙고백서는 도덕률폐기론주의를 더욱 주의 깊게 다루었는데, 7장 5항에서는 율법을 은혜언약으로 설명하면서 도덕률폐기론주의를 논박하였고, 11장에서는 칭의 교리와 관련하여 도덕률폐기론주의의 오류를 밝히고 있다.[70] 웨스트민스터 신앙고백서 13장은 성화를 선택 사양으로 보는 도덕률폐기론주의가 오류라는 것을 분명히 하고 있으며, 19장 전체는 물론이거니와 특별히 19장 5항에서 '도덕법은 의롭다 하심을 받은 사람은 물론 다른 모든 사람에게 복종을 요구한다'는 서술은 직접적으로 도덕률폐기론주의를 논박하는 것이다.

4) 소시니안주의

소시니안주의는 청교도들을 위협하였던 오류이다. 1614년에 소시니안 교리책인 'Racovian Catechism(라코비안 교리문답서)'이 영국에서 불태워졌다. 그러나 소시니안주의는 계속해서 유행하여서, 1640년대와 1650년대에도 소시니안 교리서를 화형식으로 태우는 일이 있었다. 소시니안주의에 대한 경계는 1642년에 청교도인 조오지 워커(George Walker)가 그리스도의 의가 신자에게 전가되는 것을 부정하는 존 구드윈(John Goodwin)에 대한 고발로 촉발되었다. 그리고 1643년에도 청교도인 프란시스 체이넬(Francis Cheynell), 토마스 에드워즈(Thomas Edwards)가 소시니안주의가 오류임을 밝혔다. 그럼에도 불구하고, 성

---

70 Alex Mitchell ed., *Minutes of the Sessions of the Westminster Assembly of Divines*, lxv.

령의 신성을 부정하였던 소시니안주의자였던 존 비들(John Biddle)의 가르침은 유행하였다. 그는 결국 감옥에 투옥되었지만, 1647년에 소시니안주의의 책자를 발행하였고, 의회는 그의 책을 불사를 것을 명령하였다.[71]

이렇게 소시니안주의는 총회기간 가운데 강력한 오류로서 영향을 미치고 있었다. 따라서 총회원이었던 버게스는 소시니안주의가 오류라는 것을 강조하였으며, 웨스트민스터 신앙고백서는 이러한 소시니안주의를 논박하는 내용을 포함시켰다. 우선 웨스트민스터 신앙고백서 2장은 그리스도의 신성과 성령의 신성을 부정하는 소시니안주의에 대해서 논박한 것이며, 3장 2항은 하나님의 작정이 일시적이라고 주장하는 소시니안주의에 대한 논박이다.[72] 웨스트민스터 신앙고백서 6장 6항은 죽음이 죄의 형벌이 아니라고 하는 소시니안주의를 배격하고 있다. 웨스트민스터 신앙고백서 11장은 소시니안주의가 오류라는 것을 드러내는 것으로서 1항과 2항에서는 칭의를 죄 사함의 의미로 국한시키고 있는 소시니안주의를 논박하며,[73] 3항에서는 그리스도께서 자기 백성을 대신하여 하나님의 공의를 온전히 그리고 충분하게 만족시켰다는 것을 부인하는 소시니안주의를 반대하고 있다.[74]

---

71 Francis Bremer, Tom Webster eds., *Puritan and Puritanism in Europe and America* Vol 2: 309, 310.
72 Robert Shaw, *An Exposition of the Confession of Faith of the Westminster Assembly of Divines*, 41.
73 Robert Shaw, *An Exposition of the Confession of Faith of the Westminster Assembly of Divines*, 126.
74 Robert Shaw, *An Exposition of the Confession of Faith of the Westminster Assembly of Divines*, 133.

라. 웨스트민스터 신앙고백서의 현대적 유용성

 1970년대 이후에 웨스트민스터 신앙고백서에 대한 논의는 스콜라 신학과 관련한 것이었다. 웨스트민스터 신앙고백서가 스콜라신학의 영향으로 비춰진 것은 교리를 서술하는 것에 있어서 논리의 사용에 의한 것이었다. 그러나 웨스트민스터 신앙고백서의 스콜라신학의 여부에 대한 논의는 웨스트민스터 신앙고백서 작성에 있어서 정치, 사회적, 그리고 신학적 배경으로 된 것을 간과하게 만든다. 웨스트민스터 신앙고백서의 현대적 적용을 위해서는 그 역사적인 배경과 신학적 배경을 더욱 살펴야 한다. 그것은 영국 국교회에 대한 개혁을 목적으로 한 것이며, 스코트랜드, 아일랜드, 영국 교회가 공통적으로 사용할 수 있는 가장 순수한 개혁 신앙의 고백서를 만드는 것이었다. 그리고 그 고백서는 외국의 개혁교회의 신앙고백과도 일치되는 것이어야 했다. 이러한 배경에서 웨스트민스터 신앙고백서는 개혁신학 내에서 절충된 고백서이다. 그러면서도 동시에 개혁신학의 범주에서 벗어난 혹은 오류들에 대한 경계를 분명히 갖고 있었다.

이러한 상황 속에서 작성된 웨스트민스터 신앙고백서는 개혁신학의 공통적인 주제들을 다룰 뿐만 아니라 성경, 하나님의 작정, 하나님의 언약, 구원의 서정, 그리스도인의 자유와 교회의 자유와 같은 특정 주제들을 다루었으며, 동시에 로마가톨릭주의, 알미니안주의, 도덕률폐기론주의, 소시니안주의와 같은 오류들을 논박하였다. 이러한 웨스트민스터 신앙고백서의 특징은 영적으로 무지한 자를 깨우치기 위한 용도로 충분하다. 그리고 웨스트민스터 신앙고백서 자체가 가지고 있는 오류들에 대한 논박으로 인하여 중요한 교리들의 정확성과 분명한 내용을 얻기에 유용하다. 물론 웨스트민스터 신앙고백서가 논박하였던 오류들은 21세기의 교회 속에서 여전히 존재하고 있기 때문에, 웨스트민스터 신앙고백서는 단지 17세기의 역사적 문서로 끝나는 것이 아니라 오늘날에도 교리적 분별을 위해 여전히 유용하다.

이러한 웨스트민스터 신앙고백서의 유용성에 대해서는 역사 속에서 계속 주장되어 왔다. 웨스트민스터 총회 200주년 기념대회(1843년)에서 레이스 하퍼(Leith Harper) 교수는 웨스트민스터 신앙고백서의 유용성을 말하였다. 그는 웨스트민스터 신앙고백서는 포괄적이면서 간결하고, 정확하다고 하였으며, 또한 필수적인 진리와 신학체계의 분명한 원리들을 보여주고 있다고 하였다.[75] 그리고 웨스트민스터 총회와 표준문서 250주년(1897년) 대회에서도 로버트 댑니(Robert Dabney)는 웨스트민스터 신앙고백서가 개신교 역사 속에서 가장 완전하며,

---

75 Leith Harper, "The Use and Value of Subordinate Standards" in *Bicentenary of the Assembly Divines* (Edinburgh: Kennedy, 1843), 97.

자세한 신앙고백서로써 오늘날 여전히 그 가치가 높다고 하였다.[76] 더욱이 웨스트민스터 총회 350주년 대회에서(1993년) 사무엘 로간(Samuel Logan)은 웨스트민스터 신앙고백서가 최고점에 도달한 개혁신학 신앙고백서라고 하였으며,[77] 웨인 스피어(Wayne Spear)도 웨스트민스터 신앙고백서는 작성된 지 350년이 지났지만 최고의 신앙고백서라고 하였다.[78] 웨스트민스터 신학교 조직신학교수였던 존 머레이(John Murray)도 2000년 교회사 속에서 웨스트민스터 신앙고백서를 견줄 만한 신앙고백서나 신조는 없다고 말하였다.[79]

그렇다면 웨스트민스터 신앙고백서는 오늘날 한국교회에 어떤 유용성을 가질 수 있겠는가? 우선 한국교회에 개혁신학을 강조하고 있는 교단들이 있다. 그들은 웨스트민스터 신앙고백서를 받아들인다고 말한다. 그러나 그러한 교단들 가운데 일부분은 보편주의의 영향을 받아 1903년 개정된 웨스트민스터 신앙고백서를 쓰고 있다. 즉, 개혁신학의 분명한 범주를 이해하지 못하고 있다는 것이다. 더욱이 오늘날 한국교회는 알미니안주의, 도덕률폐기론주의가 유행하고 있지만, 이것을 오류라고 말하는 신학자는 거의 없다. 이러한 오류들이 교회

---

76 Robert Dabney, "Doctrinal Contents of Confession: Its Fundamental and Regulative Ideas, and the Necessity and Value of Creeds", 112, 113.
77 Samuel Logan, "The Context and Work of the Assembly", 46.
78 Wayne Spear, "The Westminster Confession of Faith and Holy Scripture" in *To Glorify and Enjoy God: A Commemoration of the 350th Anniversary of the Westminster Assembly* (Edinburgh: Banner of Truth, 1994), 100.
79 John Murray, "The Importance and Relevance of the Westminster Confession of Faith" in *Collected Writings of John Murray*, Vol 1: The Claims of Truth, (Edinburgh: Banner of Truth, 1976), 316-322.

의 경건을 무너트리는 효과에 대해서 신학적 인식이 없다. 물론 미국의 경우에는 마이클 홀톤(Michael Horton)이나 데이비드 웰스(David Wells)와 같은 신학자들이 알미니안주의와 도덕률폐기론이 오류라고 분명히 말하고 있다.[80]

한국의 이러한 상황은 교회로 교리에 대해서 무관심하게 만들었고, 교인들도 교리에 대해서 무지하게 되었다. 그래서 결국 구원의 도리에 대해서도 잘 모르는 교인들이 많아졌다. 토마스 맨톤(Thomas Manton)이 지적하였던 웨스트민스터 신앙고백서 작성 당시의 영국 국교회와 같은 상황이다.[81] 이러한 영적 무지를 깨우치고, 잘못된 신학 혹은 오류에 대한 분별력을 갖게 하는 웨스트민스터 신앙고백서는 한국교회에 진정으로 유용한 도구가 될 수 있다.

---

80 Michael Horton, "Evangelical Arminians", *Modern Reformation* 1 (1992): 16; David Wells, *Above All Earthly Pow'rs: Christ in a Postmodern World* (Grand Rapids: Eerdmans, 2005), 284.
81 Thomas Manton, Mr. Thomas Manton's Epistle to the Reader in *The Confession of Faith, Larger and Shorter Catechisms* (Edinburgh: Alex, 1773), 8-11.

성경론

제1장 성경

1.1. 자연의 빛(light of nature)과 창조와 섭리의 사역이 하나님의 선하심과 지혜와 능력을 확실하게 나타내어 아무도 핑계할 수가 없다(롬2:14-15, 1:19-20, 시19:1-3; 롬1:32, 2:1). 그러나 그러한 것들은 구원에 필요한 하나님과 그의 뜻을 아는 지식을 충분하게 보여주지 못한다(고전1:21, 2:13-14). 그래서 주께서 여러 시대에, 그리고 여러 가지 방식으로 자신을 계시하시고(히1:1) 자신의 교회에 자신의 뜻을 선포하시기를 기뻐하셨으며, 그 후에는 진리를 더 잘 보존하고, 전파하기 위해서, 그리고 육신의 부패와 사탄과 세상의 악에 대비하여 교회를 더욱 견고하게 하며, 위로하시기 위해서 바로 그 진리를 온전히 기록해 두시는 것을 기뻐하셨다(잠22:19-21; 눅1:3-4; 롬15:4; 마4:4,7,10; 사8:19-20). 이는 성경이 가장 필요하게 된 이유이다(딤후3:15; 벧후1:19). 하나님께서 자기 백성에게 자신의 뜻을 직접 계시해 주시던 과거의 방식들은 지금 중단되었다(히1:1-2).

종교개혁자들은 신앙의 조항들에 대해서 고백서와 교리문답서들을 작성하였다. 루터(Martin Luther, 1483-1546)의 경우 대-소요리문답을 작성하였고, 필립 멜랑히톤(Philip Melanchton, 1497-1560)은 신학대전을 펴냈다. 칼빈(John Calvin, 1509-1564)은 기독교강요를 5번에 걸친 개정 작업을 통하여, 1559년 4권으로 된 최종판을 출판하였다. 이렇게 종교개혁자들이 신앙의 조항들을 서술할 때, 일반적으로 신론으로부터 설명하였다. 다만 하인리히 불링거(Heinrich Bullinger, 1504-1575)가 1566년 작성한 '제2 스위스 신앙고백서(The Second Helvetic Confession)'만이 성경으로 시작하였다. 그리고 웨스트민스터 신앙고백서가 성경으로 시작하였다. 그 이유는 교리와 믿음의 조항들을 성경에서 가져왔으며, 철학적인 근거에서 가져오지 않았다는 것을 분명히 하기 위한 것이다.

신앙과 믿음의 규칙과 구원의 모든 진리의 근거가 성경에 있다는 것을 말하기 위한 것이다. 웨스트민스터 신앙고백서의 이러한 시작은 총회원들에게 신학적으로 영향을 수었던, 윌리엄 휘태커(William Whitaker, 1548-1595)의 '성경에 대한 논쟁(Disputations on Holy Scripture)'과 [82] 제임스 우서(James Usher, 1581-1656)의 1615년의 '아일랜드 신앙고백서(Irish Articles of Religion)'로부터다.[83] 총회원들 가운데 에드워드 레이

---

82 휘태커는 캠브리지 대학에서 신학교수로 있을 때, 로마가톨릭과의 신학논쟁에 참여하였다. 그는 로마가톨릭의 신학자인 벨라르마인(Bellarmine)과 논쟁하였는데, 가장 우선된 논쟁의 주제는 성경이었다. 그의 작품 '성경에 대한 논쟁'은 1610년의 라틴어로 쓰여진 작품으로서 개혁 신학의 입장에서의 탁월한 성경론이었으며, 걸작품이었다. 물론 청교도들에게 널리 알려진 것으로서, 웨스트민스터 총회원들에게 영향을 주었다.

83 우서는 1648년에 'Sum and Substance of the Christian Religion'을 출판하였는데, 이는 아일랜드 신앙고백서보다 훨씬 많은 분량의 작품으로서, 조직신학과 같은 책인데, 이 작품에서도 성경론으로부터 출발하였다.

(Edward Leigh, 1600-1671)의 영향력도 무시할 수 없는데, 그의 조직신학책인 'A System or Body of Divinity(신학의 체계)'는 성경론으로 시작하였다.

웨스트민스터 신앙고백서 1장 1항에서는 자연의 빛과 창조와 섭리의 사역을 통해 하나님의 존재와 완전한 속성을 의식할 수 있다고 말한다. 하나님은 부분적으로 자신을 자연의 빛으로 인간 양심에 드러내셨으며 인간은 하나님의 형상으로 창조되어서 신적 속성들이 반영되었기 때문이다. 따라서 비록 인간이 타락하였어도 하나님의 형상이 남아 있기 때문에 하나님을 창조주 하나님으로 인정할 수밖에 없으며, 모든 만물을 붙드시는 하나님을 부정할 수 없다. 결국 자연의 빛은 모든 사람에게 하나님의 선하심과 지혜와 능력을 보여주는데, 이는 최소한 거듭나지 않은 자들을 인도하여서 그들로 도덕적인 삶을 살게 한다(10장 4항 참조).

그러나 1장 1항에서 자연계시는 한계가 있음을 말하고 있다. 자연계시가 하나님을 아는 지식과 하나님의 뜻을 아는 것에 충분하지 않다고 말하며, 구원을 얻으려면 하나님과 그의 뜻을 아는 지식이 필요한데, 자연의 빛으로는 그러한 지식을 얻기 어렵다고 언급한다. 따라서 반드시 하나님께서 직접 말씀하신 특별계시의 필요성을 설명하였다. 그러면서 성경의 목적은 하나님을 계시하는 것이다. 하나님께서 자신을 스스로 나타내셨고 구원에 관련하여 자신의 뜻을 교회에 나타내시기를 기뻐하셨는데, 이것이 성경에 있다고 밝힌다. 즉, 하나님 자신의 뜻인 구원의 방법을 알려주시기 위해서 우리에게 성경을 주셨다는 것이다. 1항의 이러한 언급은 제임스 우서(James Ussher, 1581-1656)의 아일랜드 신앙고백서(Irish Articles of Religion, 1615)에서도 나타나는데, 우리의 신앙과 믿음의 규칙과 모든 구원의 진리의 확실한 근거는 성경에 있는 하나님의 말씀이라고 하였다.

1장 1항의 이러한 서술에서는 그 당시 교회 속에 있는 오류들에 대한 논박이 들어있다. 우선 자연신론주의자를 논박하고 있다. 자연신론(Natural Theology)은 청교도 당시에 허버트(Herbert of Cherbury, 1683-1648)가 주장한 것이다. 자연신론주의자들은 하나님의 존재하심을 믿었지만 성경의 신적 권위와 초자연적인 구속의 역사를 믿지 않았다. 이들은 이성적 합리주의자들로서 초자연적인 계시를 거부하고, 하나님과 도덕적 의무를 자연의 빛에서만 찾으려고 애썼다. 그러나 이러한 지식만으로는 하나님에 대한 참된 지식을 얻을 수 없다.

한편으로 청교도 시대에 파우스투스 소시누스(Faustus Socinus, 1539-1604)는 그리스도의 신성을 부정하였고, 이성이 계시보다 앞선다고 주장하였다. 소시니안주의자들은 자연의 법과 빛에 따라서 살면 구원받는다고 주장하였는데, 그리스도를 구속주로 믿지 않았기 때문이다. 따라서 웨스트민스터 신앙고백서는 하나님께서 교회에 자신의 뜻을 보여주시는 특별한 계시를 허락하셨으며, 교회는 진리를 더욱 보전하는 책임이 있으며, 진리가 보전되는 한 교회는 견고하게 선다고 말하였다.

물론 웨스트민스터 신앙고백서의 1장 1항의 언급 속에서 로마가톨릭교회의 오류를 염두에 두고 논박하는 부분이 있다. 로마가톨릭교회는 사람의 전승을 성경과 같은 권위에 두고 있다. 로마가톨릭교회는 자신들이 진정한 교회이며, 교회 자체에 오류가 없기 때문에 성경이 없이도 신앙에 대한 조항들을 반포하고 가르칠 수 있다는 주장을 한다. 실제로 로마가톨릭교회는 성경에 없는 교리들과 성경에 반하는 내용들을 서슴없이 만들어 내었고, 가르치고 있다. 웨스트민스터 신앙고백서는 로마가톨릭교회의 오류들이 육신의 부패와 사탄의 궤계로부터 온 것이라는 것을 거침없이 말하고 있다.

웨스트민스터 신앙고백서 1장 1항에서 총회원들이 밝히고자 하였던 오류들 중에 하나는 재세례파 운동이었다. 재세례파는 새로운 계시를 주장하였다. 그리고 청교도 시대에 일어난 퀘이커주의는 조오지 폭스(George Fox, 1624-1691)가 영국에서 일으킨 잘못된 영성운동이었는데, '내적 빛(inner light)'의 교리를 강조하였다. 퀘이커라는 의미는 '하나님 말씀 앞에서 떨다'라는 것인데, 이들은 몸에 물리적으로 나타나는 현상에 주의를 기울였다. 내적인 음성과 환상의 현상이 성령의 역사라는 것이었다. 퀘이커주의자들은 계시가 지금도 계속된다고 주장한다. 그래서 웨스트민스터 신앙고백서는 과거에 선지자들을 통하여 계시되었으며, 신약 시대에 이르러서 독생자를 통하여 자신의 뜻을 온전히 계시하셨기 때문에 이제는 세상 끝 날까지 새로운 계시는 더 이상 없다는 것을 밝히고 있다. 하나님께서 성경을 완성시킨 이후에 꿈이나 환상이나 선지자들로 자신을 계시하지 않으시는 것을 분명히 하고 있다.

웨스트민스터 신앙고백서 1장 1항의 서술은 이 시대의 오류에 대해서도 논박하고 있다. 현대 복음주의자들 가운데에는, 표적과 기사를 수단과 도구로 하여 전도하는 자들이 있다. 이들은 성경을 무시하고 심리학, 사회학, 문화인류학을 가지고 전도의 방법들을 만들어 내고 있다. 이들은 하나님의 말씀이 강론(구원의 교리들이 설교)되는 가운데 성령이 역사하시어 '구원의 들음(saving hearing)'이 일어나도록 하나님께서 구원의 수단도 정해놓으셨는데, 이것을 무시하고 다른 방식으로 전도하는 것은 결국 하나님의 말씀을 무시하는 것이다.

20세기 후반부터 현재까지 유행하고 있는 '신사도 운동' 역시 웨스트민스터 신앙고백서에서 염두에 두고 있는 오류에 해당된다. 신사도 운동은 예언을 그 중심에 두고 성경에 있는 내용보다는 나타나는 물리적 현상에 치중하여 성경 안에 있는 구원의 계시에 반대되는 것을 가르치고 있다. 이들의 문제점은 자신들이 받았다고 하는 계시와 은사의 권위를 주장하기 위해서 새로운 사도들이라고 자신들을 포장하는 것에 있다. 이는 청교도 시대의 퀘이커주의자들과 같은 오류이다.

1.2. 성경, 즉 기록된 하나님의 말씀에는 지금 구약과 신약에 있는 다음과 같은 책들이 모두 포함된다.
구약: 창세기 출애굽기 레위기 민수기 신명기 여호수아 사사기 룻기 사무엘상 사무엘하 열왕기상 열왕기하 역대상 역대하 에스라 느헤미야

에스더 욥기 시편 잠언 전도서 아가 이사야 예레미야 예레미야애가 에스겔 다니엘 호세아 요엘 아모스 오바댜 요나 미가 나훔 하박국 스바냐 학개 스가랴 말라기

신약: 마태복음 마가복음 누가복음 요한복음 사도행전 로마서 고린도전서 고린도후서 갈라디아서 에베소서 빌립보서 골로새서 데살로니가전서 데살로니가후서 디모데전서 디모데후서 디도서 빌레몬서 히브리서 야고보서 베드로전서 베드로후서 요한일서 요한이서 요한삼서 유다서 요한계시록

이 모든 책들은 믿음과 삶의 규칙이 되도록 하나님의 영감으로 주어졌다 (눅16:29, 31; 엡2:20; 딤후3:16; 계22:18-19).

1.3. 일반적으로 '외경'이라고 불리우는 책들은 신적 영감으로 된 것이 아니며, 성경의 정경(正經)의 일부가 아니며, 따라서 하나님의 교회 안에서 아무 권위가 없고, 또한 다른 사람의 저작물보다 다르게 승인된 것도 아니며 사용할 수 있는 것도 아니다(눅24:27, 44; 롬3:2; 벧후1:21).

웨스트민스터 신앙고백서에서 성경 66권을 밝히고 있는 것은 로마가톨릭과 성경에 대한 논쟁을 하였던 휘태커에게서 영향을 받은 것이며, 제임스 우서의 아일랜드 신앙고백서(1615년)를 따른 것이다. 오직 성경의 66권만이 '성령의 영감에 의해 기록된' 것임을 분명히 하는 것은 로마가톨릭교회가 외경을 정경의 일부로 받아들인 것과 영국 국교회의 39조항(1563년)에서 외경을 그리스도인의 모범적 삶을 위해 특

별히 유용하다고 한 것이 잘못된 것임을 밝히고, 외경은 성령의 영감이 없는 것들이어서 정경의 일부가 될 수 없으며, 교회에서 그 어떤 권위도 가질 수 없다는 것을 분명히 한 것이다.

청교도 시대 당시에 성경에 대한 오류로서 퀘이커주의자들을 들 수 있는데, 그들은 성경을 하나님의 말씀으로 부르지 않는다. 성령의 음성이 믿음과 생활의 규칙이 된다고 주장한다. 성경에 대한 오류로서 20세기 자유주의 신학을 들 수 있다. 20세기 자유주의 신학은 스토아 철학에 영향을 받아서 기독교는 교리문제가 아니라 생활이라고 하였다. 기독교와 윤리를 동일시하였던 것이다. 그러나 기독교는 교리문제이다. 바른 교리에서 생활이 나오게 되어 있다. 즉, 성경이 믿어야 할 것에 대해서 가르치며, 의무에 대해서 가르치고 있기 때문에, 믿음과 삶의 규칙이 되는 것이다. 그런데 믿는 것에 대한 내용이 의무보다 앞서는 것은 바른 교리에서부터 바른 신앙생활이 나오기 때문이다.

한편으로 20세기에서 유행하여 오늘날까지 우세한 신학 가운데 하나인 현대 복음주의자들은 성경의 절대적 권위를 인정하지 않는다. 20세기의 신복음주의로 시작할 때, 칼 헨리와 헤롤드 옥켈가는 성경 해석을 위해서 과학적 발견과 지식이 중요하다고 강조하였다. 그들은 성경 대신에 사회학, 문화인류학, 심리학을 목회 사역과 선교의 도구로 삼았다. 이러한 방식으로 세워진 것이 도날드 맥가브란(Donald McGavran, 1897-1990)의 동질성 단위 이론(Homogeneous Unit Principle)과 교회 성장학이다.

1.4. 반드시 믿어야 하며, 순종을 위한 성경의 권위는 어떤 사람이나 교회의 증언에 달려 있는 것이 아니라 성경의 저자이시며 진리 자체이신 하나님께 전적으로 의존한다. 따라서 성경의 권위는 받아들여져야 하는데, 이는 하나님의 말씀이기 때문이다(벧후1:19-21; 딤후3:16; 요일5:9; 살전2:13).

1.5. 우리는 교회의 증거에 의하여 감동과 권유를 받아 성경을 높이 평가하고 존경하게 된다(딤전3:15). 그리고 천상의 내용들과 교리의 효력, 문체의 장엄함, 모든 부분이 일치하며, 전체의 범위가 하나님께 모든 영광을 돌리며, 사람이 구원받는유일한 방법을 완전히 밝혀주며, 비교할 수 없는 탁월한 많은 것들과 전체적인 완전성은 성경이 하나님의 말씀이라는 것을 충분하게 입증해 주는 논거들이다. 그러나 성경의 무오한 진리와 신적 권위에 대해서 우리가 완전하게 납득하고 확신하는 것은 우리의 심령 속에서 말씀으로 그리고 말씀과 함께 증거하시는 성령의 내적 사역으로부터 온 것이다(요일2:20, 27; 요16:13-14; 고전2:10-12; 사59:21).

웨스트민스터 신앙고백서는 성경이 하나님의 말씀이라는 것은 성경이 스스로 증거한다고 하였다. 하나님의 말씀의 신적 권위와 오류가 없는 진리라는 것에 대한 확신은 실제로 성령의 내적 조명의 역사로부터 온다. 성령께서 하나님의 말씀을 가지고 우리의 심령 안에서 증거하신다. 성경과 성령과의 관계에 대해서는 오래전 이사야 선지자가 말하였던 것이다(사59:21). 사도 요한은 이것에 대해서 성령의 기름부음이라고 말하였다. 성령의 부으심은 진리에 대한 지식을 얻는 것이다. 그래서 진리와 진리가 아닌 것에 대해서 분별할 수 있는 것이다(요일2:20, 27).

더욱이 성경에 대한 권위를 인정해야 하는 것은 하나님께서 직접 말씀하셨기 때문이다(요1:14; 14:6). 우리가 성경을 신뢰해야 하는 것은 하나님의 말씀이기 때문이다. 휘태커에 의하면 성경이 하나님의 말씀이라는 증거는 외적으로는 성경저자들의 인격, 기적들, 예언들의 성취, 오랜 세월동안 완전하게 보전되어 온 것, 성경이 일으킨 엄청난 효과, 성경을 없애려는 노력들의 실패, 순교자의 증거와 민족들을 문명화시키고, 사회 개혁을 성취하였던 것 등이며, 내적인 증거는 성경에 기록된 교리의 탁월한 속성, 하나님의 통치와 행위를 드러내는 내용, 인간의 상태와 결함을 정확하게 다루고 있는 진리, 문체의 장엄함, 하나님의 영광과 인간의 구원을 지향하는 성향 등이라고 하였다.

웨스트민스터 신앙고백서의 어느 조항에서나 항상 강조되는 것이 있는데, 그것은 성령의 유효한 역사(effectual works of Holy Spirit)이다. 1장 5항에서도 이것에 대해 언급하고 있는데, 성령에 의해서 구원의 믿음이 발생되었다면, 성경을 하나님의 말씀으로 높이고 찬양하게 되어 있다고 말한다.

웨스트민스터 신앙고백서의 1장 4, 5항에서 염두에 두고 있는 오류들이 있다. 우선 이성주의자들이 성경의 권위를 받아들이지 않는데

이는 오류이다. 또한 펠라기우스주의자들은 영혼의 기능을 가지고 하나님의 것들을 이해할 수 있으며, 믿을 수 있다고 주장한다. 즉, 성령의 내적 조명과 감동이 없어도 된다는 주장을 한다. 이것은 성경과 성령이 묶여 있음을 반대하는 오류이다. 또한 로마가톨릭교회는 성경의 권위가 교회의 증거에 달려 있다고 주장함으로서, 교회를 성경의 권위보다 우위에 두었다. 그래서 하나님의 말씀에 지배를 받는 교회가 아니라 하나님의 말씀을 지배하는 교회가 되었다. 이는 명백한 오류이다. 그리고 소시니안주의자들도 이 오류에 포함되는데, 성령의 내적 조명 없이 이성으로 하나님에 관련된 것을 이해하고 믿을 수 있다고 주장하였다.

성경의 권위를 받아들이지 않은 것은 20세기에도 계속되었다. 우선 자유주의 신학이 성경의 권위를 받아들이지 않았고, 성경이 하나님의 말씀이 아니라는 것을 강조하였다. 양식 비평의 불트만과 같은 신학자는 복음서에 신화가 들어 있기 때문에 그것을 제거해야 한다고 주장하였다. 칼 바르트의 신정통주의도 성경의 권위를 인정하지 않는 것은 자유주의 신학과 마찬가지이었다. 칼 바르트는 성경이 하나님의 말씀이 된다(becomes)고 주장함으로써 성경 자체가 하나님의 말씀이 아니고, 인간에게서 주관적으로 하나님이 말씀이 되는 것이라고 하였다.

성경에 대한 오류는 이 시대에도 여전히 유행하고 있다. 현대 복음주의자들은 하나님의 말씀을 가르치고 그 영혼에 성령이 역사하셔서 구원이 발생하는 것을 무시한다. 현대 복음주의자들은 성령의 역사를 기대하는 것이 아니라, 피상적인 메시지와 감정을 움직이는 방식으로 하여 결심을 끌어내고자 한다. 결국 이들은 성경을 무시하고 있으며, 심리적인 테크닉과 방법으로 성령을 대신하여 사용하고 있다. 성령의 역사에 대한 무지로 인하여 하나님의 말씀을 기계적 수단으로 사용하거나 무시하고 있는 것이다.

교회 역사 속에서 성경의 권위를 무시하고, 도전하였던 신학들은 교회를 무너트렸다. 따라서 이 시대의 여러 신학사조들이 바른 것인지 잘못된 것인지를 분별할 때, 성경의 권위에 대한 태도를 살펴보아야 한다.

1.6. 하나님 자신의 영광과, 인간의 구원, 믿음과 생활을 위한 필요한 모든 것에 관한 하나님의 전체 뜻은 성경에 분명하게 기록되어 있거나, 혹은 선하고 필요한 결론들은 성경에서 추론될 수 있다. 그래서 성령의 새로운 계시에 의해서든지 혹은 인간들의 전통에 의해서든지 아무 것도 어느 때를 막론하고 성경에 추가될 수 없다(딤후3:15-17; 갈1:8-9; 살후2:2). 그러나 말씀으로 계시되어 있는 것들에 대한 구원의 이해를 위해서는 하나님의 성령의 내적 조명이 필요하다는 것을 인정한다(요6:45; 고전2:9-12). 그리고 하나님께 드리는 예배와 교회의 정치에 관해서 인간의 행동과 사회에 공통된 상황들이 있는데, 자연의 빛과 그리스도인의 신중함에 의해서 정리되어야 하며, 말씀의 일반적 원칙에 따라야 하고, 이는 항상 준수되어야 한다(고전11:13-14; 고전14:26, 40).

> **1.7.** 성경에 있는 모든 것들은 그 자체가 모두 같은 정도로 단순한 것이 아니며, 모든 사람에게 같은 정도로 분명한 것도 아니다(벧후3:16). 그러나 구원을 위해서 필수적으로 알려진 것들과 믿고 지켜야 할 것들은 성경의 이곳과 저곳에 아주 분명하게 제시되어 있고 밝혀져 있기 때문에 유식한 사람뿐만 아니라 무식한 사람일지라도 통상적인 방법을 적당하게 사용하면 그것들을 충분히 이해할 수 있다(시119:105, 130).

웨스트민스터 신앙고백서는 성경의 충분성에 대해 설명하고 있다. 성경의 충분성은 사람이 하나님에 대해 믿어야 하는 것과 하나님께서 사람에게 요구하시는 것을 가르칠 뿐만 아니라 하나님 자신의 영광과 인간의 구원, 신앙과 생활에 필요한 모든 것에 대해서 기록하고 있기 때문이다. 믿음의 문제에 관련한 모든 것에 적용할 수 있다는 것은 우리의 구원에 관련된 문제를 의미한다. 따라서 구원의 길을 발견하기 위해서는 성경 외에 다른 곳으로 가서는 안된다. 결국 기독교의 모든 교리들은 오직 성경에서만 추론해내야 한다. 교리와 믿음의 원리뿐만 아니라 예배에 있어서도 성경으로 충분하다.

그러나 웨스트민스터 신앙고백서를 작성할 당시, 로마가톨릭교회는 성경으로 충분하지 않으며, 기록되지 않은 사람들의 전승이 필요하다고 주장하였다. 또한 재세례파, 알미니안주의자, 퀘이커주의자들은 성경이 신앙 문제를 설명하고 있지만, 성경에서만 신앙문제에 대한 대답을 찾아서는 안된다고 주장하였다. 더욱이, 재세례파와 퀘이커주의자들은 새로운 계시를 주장하기 때문에 더욱 오류이다. 따라서 웨스트민스터 신앙고백서 1장 6항과 7항의 언급들은 성경의 충분성을 부정하는 주장들이 오류라는 것을 말하는 것이다.

이러한 오류들은 17세기의 오류로 끝나지 않고, 20, 21세기의 복음주의 교회 내에서도 쉽게 확인할 수 있다. 선교와 교회 성장을 위해서는 성경의 메시지가 아니라 사회학과 심리학이 도구가 되어야 한다고 주장하며, 전도에 있어서도 성경의 메시지로는 안 되고, 문화를 통해서 해야 한다고 말한다. 더욱이 예배는 성경의 메시지로 구성될 것이 아니라 드라마와 같은 방식을 찾아야 한다고 말한다.

성경의 충분성에 대한 오류와 이단들은 인간의 이해력이 타락과 부패로 어두워지고 왜곡되었기 때문에 반드시 성령의 내적 조명의 역사가 필요하다는 것을 부정하는 것에서부터 온다. 소시니안주의자와 알미니안주의자들이 성령의 내적 조명의 역사의 필요성을 부정하기 때문에 성경의 충분성을 믿지 않는 것이다. 그래서 로마가톨릭교회가 말씀 대신에 의식 중심으로 가는 것이며, 현대 복음주의 교회가 성경의 메시지보다 시각 중심으로 가는 것이다. 이것은 예배를 타락시키고 부패시키는 것이다.

웨스트민스터 신앙고백서는 성경의 충분성과 완전성을 말함으로써 새로운 계시가 추가될 수 없다는 것을 강조하였다. 우리는 성령의 새로운 계시를 필요로 하지 않는다. 그러나 오늘날의 신사도 운동은 기적적인 음성과 새로운 계시를 통해서 많은 사람들로 그리스도를 믿게 할 수 있다고 주장하는데, 오류이다.

따라서 우리의 책임은 하나님의 말씀을 올바르게 사용해야 한다. 성경을 주의 깊게 읽고, 기도하는 마음으로 듣고 성령의 축복하심을 기대해야 한다. 주께서 사람들로 구원의 은혜를 경험하도록 정하신 방법은 하나님의 말씀을 듣고 공부하는 것이다. 따라서 진정한 구원의 은혜가 있기 원한다면 말씀을 듣는 수단 아래로 나와야 한다.

1.8. 히브리어로 기록된 구약 성경(히브리어는 옛날 하나님의 백성들이 사용한 언어였다)과, 헬라어로 기록된 신약 성경(헬라어는 신약 성경이 기록될 당시 가장 일반적으로 모든 민족들에게 알려진 언어였다)은 하나님에 의해 직접 영감되었고, 또한 하나님의 특별한 보호와 섭리에 모든 세대에서 순전하게 보존되어서 권위가 있다(마5:18). 따라서 모든 신앙 논쟁들에서 교회는 최종적으로 성경에 호소해야 한다(사8:20, 행15:15, 요5:39, 46). 하나님의 모든 백성들은 성경에 대한 권리와 관심을 가지고 있으며, 하나님을 경외하는 마음으로 성경을 읽고 연구하도록 명령받았지마는(요5:39) 성경의 원어를 모든 사람이 아는 것은 아니다. 따라서 성경은, 성경이 전수(傳受)된 각 나라의 자국어로 번역되어야 한다(고전14:6, 9, 11-12, 24, 27-28). 그래서 하나님의 말씀이 모든 사람에게 풍성히 거하게 하여, 그들이 하나님을 바른 방법으로 예배할 수 있게 하며(골3:16), 성경이 주는 인내와 위로를 통하여 소망을 가질 수 있게 해야 한다(롬15:4).

웨스트민스터 신앙고백서는 앞에서 성경의 완전성, 충분성을 이미 설명하였다. 1장 8항에서는 성경의 최종성을 강조하였다. 신앙에 관련된 모든 논쟁에서 최종적으로 성경에 호소해야 한다고 하였다.

그러면서 신앙고백서는 성경이 히브리어와 헬라어로 기록되었으며, 하나님의 비상한 보호와 섭리에 의해서 순전하게 보전되었다고 말하였다. 한편으로 성경은 각 나라의 말로 번역되도록 하나님에 의해 명령되었다고 말하였다(신 31:11-12). 이 부분의 서술에서 총회원들은 휘태커의 영향을 받았다. 그는 성경이 사탄을 대적하는 중요한 무기이기 때문에 백성들로부터 성경을 빼앗아서는 안 되며, 성경은 공적으로 읽혀져서 백성들로 유익을 얻게 해야 하고, 주의 교회는 반드시 구원의 비밀에 대해서 가르침을 받아야 하며, 그리스도께서 그들의 언어로 가르치셨으며, 사도들도 오순절에 그렇게 하였다고 말하였다. 한편으로 신앙고백서가 이렇게 서술한 배경에는 로마가톨릭교회가 라틴어 성경인 벌게이트(Vulgate) 성경만을 인정하고, 다른 번역을 부정하는 오류를 지적하는 것이다. 성경의 궁극적인 목적은 하나님을 아는 지식이 있게 하여, 하나님을 올바르게 예배하고, 하나님의 백성으로 하여금 위로를 얻게 하는 것이라고 하였다. 웨스트민스터 예배모범에서도 성경은 공적으로 읽혀져서 사람들에게 유익을 주어야 한다고 하였다.

> **1.9.** 성경 해석의 무오한 법칙은 성경 자체이다. 따라서 어떤 성경구절의 참되고 완전한 의미에 대하여 의문이 생긴 때에는(참되고 완전한 의미는 여럿이 아니라 오직 하나이다), 보다 분명하게 말하고 있는 다른 구절로 연구되고 알려져야 한다(벧후1:20-21; 행15:15-16).

성경 해석의 무오(無誤)한 법칙은 성경 자체이다. 성경 자체를 가지고 성경을 해석하고 이해하여야 한다. 이 원리는 성경의 모든 책들의 저자가 하나님이시기 때문이다. 따라서 종교 개혁자들도 이 원리를 강조하였으며, 성경을 출판하면서 관련된 구절들을 성경 본문의 여백에 싣기도 하였다.[84] 제네바 성경의 1599년 판이 그 대표적인 예이다. 또한 웨스트민스터 신앙고백서를 처음에 작성하였을 때 관련 성경구절이 없었다. 그래서 의회는 신앙고백서에 관련 성경구절을 추가할 것을 지시하기도 하였다. 웨스트민스터 신앙고백서는 성경구절의 참되고 완전한 의미는 오직 하나인 것을 강조하였다. 이것은 진리가 일치성을 가지고 있어서 서로 다른 두 가지 의미를 가지고 있지 않다는 것을 의미하는 것이다. 웨스트민스터 신앙고백서는 모호한 구절에 대한 해석의 원리도 언급하고 있는데, 분명한 성경구절에서 모호한 구절을 해석해야 한다고 하였다. 결국 성경 66권의 책들을 읽을 때, 우리는 하나의 책으로 읽어야 한다.

한편으로 이 구절의 설명에서 웨스트민스터 신앙고백서가 배척하

---

84 성경 본문을 연구할 때, 관주 성경을 사용하는 것이 도움을 준다.

는 오류는 로마가톨릭교회의 성경 해석과 방법이다. 로마가톨릭교회는 성경 자체가 해석자가 된다는 것을 반대한다. 그들은 성경을 이해하기 위해서는 교회가 필요하다고 주장한다. 로마 교회의 중요한 통찰력이 성경을 이해하는 것에 필수적이라고 말하며 중세교회에서부터 모든 성경 본문이 4중적 의미를 가지고 있다고 주장하였다. 첫째로 원래 의미가 있으며, 둘째로 풍유(allegory)로 부르는 비교적 의미, 셋째로 도덕적 의미, 넷째로 천상의 의미로 해석해야 한다고 하였다. 이는 성경으로부터 의미를 끌어내는 것이 아니라 성경의 해석을 읽게 하는 것으로 올바른 해석 방식이 아니다. 한편으로 퀘이커주의자들은 본성의 빛이 성경 해석의 원리가 된다고 주장하는데, 이는 심각한 오류이다.

> **1.10.** 신앙에 대한 모든 논쟁을 종결하며, 교회회의의 모든 신조들과 고대 교부들의 의견과 인간의 교리들과 거짓 영들을 시험하고, 우리가 안주해야 할 선언을 하는 최상의 재판관은 성경 안에서 말씀하시는 성령 외에 아무도 없다(마22:29, 31; 엡2:20; 행28:25).

웨스트민스터 신앙고백서는 모든 신앙의 논쟁을 종결짓는 최상의 재판관은 성경을 통해 말씀하시는 성령뿐이시라고 말하였다. 성경과 성령과의 관계를 언급하였다. 이 언급에서 교회의 주요한 직무 가운데 하나가 거짓 이단과 오류의 가르침을 분별하는 것이다. 이단과 오류의 분별의 범위도 말하였는데, 교회 회의의 모든 신조들과 교부들의 가르침까지 포함하고 있다. 이 조항의 언급들은 칼빈의 기독교 강요 서문의 메아리처럼 들린다. 칼빈은 로마가톨릭교회에서 성인으로 여기는 교부들도 성경에서 벗어날 수 있으며, 그것은 반드시 시험되어야 한다는 주장을 하였다. 이 조항에서 신앙고백서는 로마가톨릭교회가 성경의 최종적 권위를 인정하지 않고, 무오한 권위가 교황과 교회 회의에 있다고 주장하고 있기 때문에 그들의 견해가 잘못되었음을 분명하였다.

신론

제2장 하나님, 삼위일체

2.1. 살아 계시고 참되신 하나님은(살전1:9; 렘10:10) 오직 한 분만이 계신다(신6:4; 고전8:4, 6). 하나님은 존재와 완전성에서 무한하시고(욥11:7-9, 26:14), 가장 순결한 영이시며(요4:24) 눈에 보이지 않으시고(딤전1:17), 몸과 지체가 없으시며(신4:15-16; 요4:24; 눅24:39), (사람과 같은) 성정이 없으시고(행14:11, 15), 변함이 없으시며(약1:17; 말3:6), 광대하시고(왕상8:27; 렘23:23-24), 영원하시며(시90:2; 딤전1:17), 측량할 수 없으시고(시145:3), 전능하시며(창17:1; 계4:8), 지극히 지혜로우시고(롬16:27), 지극히 거룩하시며(사6:3; 계4:8), 지극히 자유로우시고(시115:3), 지극히 절대적이시며(출3:14), 자신의 변함없고 가장 의로운 뜻의 계획에 따라(엡1:11) 자신의 영광을 위하여(잠16:4; 롬11:36) 모든 것을 행하시고 가장 사랑이 많으시며(요일4:8, 16), 은혜로우시고, 긍휼이 많으시며, 오래 참으시고, 인자와 진실이 많으시며, 불의와 범법과 죄를 용서하시고(출34:6-7), 자기를 부지런히

> 찾는 자들에게는 상을 주시며(히11:6) 동시에 가장 정의롭고, 그의 심판은 무서우며(느9:32-33), 모든 죄를 미워하시며(시5:5-6), 형벌받을 자를 결코 사면하지 않으신다(나1:2-3; 출34:7).

웨스트민스터 신앙고백서는 신학적으로 정교한 구조를 가지고 있다. 성경으로 시작한 이유는 하나님께서 자신을 계시하신 것을 강조하면서, 오직 성경을 통해서 하나님을 분명하게 알 수 있다고 하였다. 신앙고백서는 성경 다음의 주제로 하나님에 대한 것이다. 이 항에서의 언급들은 삼위일체 교리에 대한 이단들에 대한 정통의 가르침의 서술이다. 우선 서로 다른 세 분 하나님이 있다고 주장하면서, 세 위격이 하나의 본질에서 연합되어 있는 것을 부정하는 삼신론은 이단이며, 그리스도의 신성과 성령의 신성을 부정하는 아리안주의는 이단이다. 그리스도의 신성과 성령의 신성을 부정하면서 하나님은 형체와 몸이 있다고 주장하는 소시니안주의는 이단이다. 하나님은 순수한 영이신데, 이 교리를 부정하고, 하나님은 형태를 가졌다고 주장하는 신인동형동성론도 이단이다. 신앙고백서를 작성할 당시에 퀘이커주의자들은 하나님의 신성에 세 위격이 있는 것을 부정하였는데, 이 역시 이단이다.

1항에서 하나님의 속성에 대한 설명을 살아계시고, 참되신 하나님으로 시작하였으며, 후반부에서 자기를 부지런히 찾는 자들에게는 상을 주신 것을 언급하였다. 이는 하나님을 아는 지식이 단지 지적인 것이 아니라 경험적이면서 실천적인 것을 의미하는 것이다. 즉 하나님을 아는 지식이 있게 되면 반드시 하나님을 찾게 되어 있음을 뜻한다. 만약에 하나님을 안다고 하면서, 하나님을 찾지 않는 자들은 거짓 신앙고백자이며, 위선자라고 하였다. 조나단 에드워즈 시대로 이것을 '찾고 구하는 원리(seeking theory)'라고 불렀다. 여기에서 청교도 신학의 정의와 원리를 발견할 수 있는데, 신학의 목적은 하나님 앞에 경건한 삶을 위한 것이며, 그 방법과 원리는 교회를 위한 것이다. 따라서 교리를 설명하는 것에 있어서 경험적인 것을 포함하였다.

2.2. 하나님은 스스로 모든 생명(요5:26)과 영광(행7:2)과 선함(시119:68)과 행복(딤전6:15)을 가지고 계신다. 하나님은 홀로 자기 안에서 그리고 자신에 대해서 완전히 충족하시어, 자신이 만드신 피조물의 도움을 필요로 하지 않으시고(행17:24-25), 그들에게서 어떤 영광을 구하지 않으시며(욥22:2-3), 오히려 그들 안에서, 그들을 통해, 그들에게 영광을 나타내실 뿐이다. 하나님만이 모든 존재하는 것의 근원이시며, 모든 것이 그에게서 나오고, 그로 말미암아 있으며, 그에게로 돌아갑니다(롬11:36). 그는 모든 것 위에 절대적인 주권을 가지고 있어서, 그것들을 가지고, 그것들을 위해 혹은 그것들 위에 자신이 기뻐하는 대로 행하신다(계4:11; 딤전6:15; 단4:25, 35). 모든 것들이 그의 눈에 열려져 있으며 나타나고(히4:13), 그의 지식은 무한하며, 무오하고, 피조물에 의존하지 않는다(롬11:33-34; 시147:5). 따라서 그에게는 우연하거나 불확실한 것이 없다(행15:18; 겔11:5). 그의 모든 계획과 모든 사역과 모든 명령에 있어서 그는 가장 거룩하시다(시145:17;

> 롬7:12). 천사들과 사람들과 모든 다른 피조물은 그가 기쁘게 요구하시는 예배나 봉사나 순종이든지 그에게 마땅히 드려야 한다(계5:12-14).

2장 2항에서 강조하는 것은 하나님의 절대 주권이다. 하나님은 인간의 도움을 필요로 하지 않으시며, 인간에게 어떠한 빚도 지지 않으셨다는 것이다. 그리고 하나님은 자신의 절대적 주권을 가지시고 자신이 원하는 대로 행한다는 것이다. 2항에서 이렇게 서술된 이유는 그 당시의 알미니안주의들로 인한 것이다. 알미니안주의자들은 구원에 있어서 하나님의 절대 주권을 반대한다. 구원이 인간의 의지의 결정에 달려 있는 것으로 주장하였다. 그러나 이것은 하나님의 주권이 있을 곳에 하나님의 주권을 없게 하는 것으로서 오류이다.

20세기에 일어난 현대 복음주의 운동도 알미니안주의의 프레임에 갇혀 있다. 전도 소책자에는 의지의 결정을 믿음으로 보고 있다. 그래서 나의 의지를 드려서 그리스도를 믿겠다고 하면 구원받는다고 말한다. 구원이 인간의 의지의 결정에 달려 있는 것이다. 그래서 2장 2항에서 하나님은 피조물의 도움이 필요한 분이 아니시라는 것을 말하였다. 더욱이 하나님의 지식이 인간인 피조물에게 의존되어 있지 않음을 말함으로 하나님의 지혜와 지식의 깊음에 대해서 우리가 결코 도달할 수 없으며, 인간은 겸손해야 할 것을 말하고 있다.

> **2.3.** 하나님의 단일한 신성 안에 영원하시고 본질과 능력이 동일하신 삼위 하나님, 곧 성부와 성자와 성령이 존재하신다(요일5:7; 마3:16-17, 28:19; 고후13:13). 성부는 아무에게서도 속하지 않으시고, 나시거나 나오시지 않으시며, 성자는 성부에게서 영원히 나셨고(요1:14, 18), 성령은 성부와 성자에게서 영원히 나오신다(요15:26; 갈4:6).

2장 3항의 항목은 삼위일체 교리에 대한 서술이다. 성경이 하나님은 한 분이신 것과(딤전 2:5) 세 위가 연합되어 있는 것을 말하고 있다(마 3:16-17). 그리고 나누어지지 않는 신성 안에 서로 구별되는 세 위격이 존재하신다. 위격은 셋이지만 본질은 하나이다. 세 위격은 각각의 특성에 의해서 서로 구별되며, 존재와 사역에 있어서 일정한 순서에 의해 계시된다. 성경에 분명하게 계시된 교리이며, 우리의 구원을 이해하기 위해 절대적으로 필요한 가르침이다. 즉, 삼위 하나님의 구원 사역을 이해하게 되면, 우리에게 구원이 어떻게 해서 일어났는지를 알 수 있다. 자연의 빛이나 이성의 추론으로 삼위일체 교리를 이해할 수 없다.

웨스트민스터 신앙고백서에서 이렇게 서술한 이유는 그 시대에도 여전히 삼위일체 교리에 대한 이단들이 있었기 때문이다. 청교도 당시에도 그리스도가 탁월하지만 피조물이라고 주장하는 아리안주의자들이 있었다. 물론 그리스도가 마리아의 몸에 잉태되기 전에 존재하지 않았다고 주장하는 소시니안주의도 있었다. 소시니안주의자들은 주장하기를, 성부가 그리스도에게 거룩한 진리를 전하는 사명을 주셨고, 죽음으로써 그 진리를 확증하였으며, 부활 후에 그를 높여 우주를 다스리게 하셨기 때문에 하나님의 아들로 불리우게 되었다는 주장을 하였다.

그들은 성령의 신성도 부정하였다. 물론 이 항목에서 세 위격이 존재와 사역에 있어서 일정한 순서로 계시되었다고 서술함으로써 종속설을 배제하였다. 종속설은 삼위 간의 관계가 종속의 관계로 되어있다고 주장하는 것이다. 그래서 웨스트민스터 신앙고백서에서는 삼위의 경륜적 순서라고 말하였다. 물론 이 항목에서 동방 교회의 주장이 오류라는 것을 드러내고 있다. 동방 교회는 성령이 아버지에게서만 나온다는 주장을 하였다. 그러나 이것은 오류이다. 성경에서, 특별히 요한복음에서 아버지와 아들 간의 교통 가운데 성령을 보내심으로 아버지의 택하심과 아들의 구속이 성령에 의해 적용되는 것을 강조하고 있다.

물론 21세기의 이 시대에도 삼위일체 교리에 있어서 웨스트민스터 신앙고백서의 서술에서 벗어난 가르침들이 있다. 현대 오순절운동 가운데, 성령만을 강조하고, 아버지와 아들의 위격과 사역을 무시하는 단일신론적 오순절운동(oneness pentecostalism)이 있다. 현대 오순절운동은 정작 성령의 구원 사역과 일반 사역을 구분하지 못하는 것에 문제점이 있다. 성령의 사역에 있어서 우선되는 것은 아버지와 아들에 의해 보냄을 받은 목적인 구원의 적용사역 혹은 특별 사역이다. 그 다음으로 교회를 세우기 위해 그리스도께서 직무들을 정하시고, 성령의 은사를 주시는 성령의 일반 사역이다. 그런데 현대 오순절운동은 성령의 특별 사역을 뒤로하고, 일반사역을 더욱 중요시하고 있다. 이것 역시 삼위일체 교리를 정확히 이해하지 못하는 것으로서 오류에 해당된다.

제3장 하나님의 영원한 작정

3.1. 하나님은 영원으로부터 가장 지혜롭고 자기 자신의 뜻의 거룩하신 계획에 의하여 자유롭고 불변하게 일어날 어떤 일들도 정하셨다(엡1:11; 롬11:33; 히6:17; 롬9:15, 18). 그러나 이와 같은 방식으로 모든 일을 정해놓으셨지만, 하나님은 죄의 조성자가 아니시며(약1:13, 17; 요일1:5), 피조물들로 그들의 의지를 거슬러 강제로 행하게 하지 않으시며, 자유나 제2원인들의 우발성을 제거시키지 않고, 오히려 확립하신다(행2:23; 마17:12; 행4:27-28; 요19:11; 잠16:33).

하나님의 작정은 지혜롭고, 거룩하며, 자유로운 것이다. 하나님의 작정은 하나님의 자신의 계획에 따라서 전능하신 능력으로 실행되는 것이며, 하나님 자신의 영광을 나타내는 것이다. 1항에서는 3개가 강조되고 있다. 첫째로, 하나님은 죄의 조성자가 아니시다. 하나님은 생명의 조성자이시다. 둘째로 하나님은 인간의 의지를 강제적으로 침해하시는 분이 아니시다. 셋째로 하나님의 계획은 제2원인들을 채용한다. 웨스트민스터 총회 당시, 총회장인 윌리엄 트위세(William Twisse)를 비롯해서 다수의 회원이 타락 전 선택설을 따라갔다. 그럼에도 불구하고 총회는 타락 후 선택설을 배제하지 않았으며, 이 부분에 대해서는 논쟁을 피하였다.

물론 그 당시, 소시니안주의자, 알미니안주의자, 예수회주의자들은 하나님의 작정이 없어도 시간이 되면 일이 일어나게 되어 있다고 주장하였다. 하나님의 작정이 인간의 일과 관련되어 있기 때문에 시간 속에서 이루어질 수밖에 없다고 하였다. 더욱이 알미니안주의자들은 타락 전 선택설이 하나님을 죄의 원인자로 만드는 것이라고 하면서 반대하였다. 따라서 웨스트민스터 총회원들은 예정론이 하나님을 죄의 조성자로 만드는 것이 아니라는 것을 분명히 하고, 하나님의 작정이 효과적이면서 허용적인데, 허용적인 작정은 인간의 부패한 행위를 통해 드러나는 죄악과 관련된다고 하였다. 이렇게 하나님의 작정은 순수한 행위와 관련해서는 효과적이고, 도덕적인 악을 저지르는 부패한 행위와 관련해서는 허용적이다. 또한 1항에서는 하나님의 작정이 인간의 자유를 없애는 것이 아니라는 것을 설명하고 있다. 하나님의 작정은 미래의 일을 확고하게 결정한 것으로서, 그 실행에 있어서 제2원인들을 배제하지 않고 하나님께서 자유롭게 행하시는 것이다(잠 16:33).

> **3.2.** 비록 하나님은 인지하실 수 있는 조건 아래에서 어떤 것들이 일어날 수 있다는 것을 아시고 계시지만(행15:18; 삼상23:11-12; 마11:21, 23) 그가 미래의 것을 미리 아셨기 때문에 혹은 그런 조건 아래에서 일어날 것을 아셨기 때문에 작정하신 것은 아니다(롬9:11, 13, 16, 18).

2항에서 염두에 둔 오류들은 루터주의자, 알미니안주의자, 소시니안주의자, 로마가톨릭주의자의 예정 교리이다. 우선 루터주의자와 알미니안주의자는 예정 교리가 조건적이라고 주장하였다. 예정은 믿음을 끝까지 지키는 것의 여부에 달려 있다고 하였다. 사람들의 의지에 달려 있는 것이다. 소시니안주의자와 로마가톨릭주의자는 예정 교리가 사람들이 선행을 유지하는 것에 달려 있다고 하였다. 오늘날의 바울의 새 관점(New Perspective on Paul)은 로마가톨릭의 주장과 같다.

> **3.3.** 하나님의 작정에 의해서, 그리고 하나님의 영광을 나타내시기 위해 어떤 사람들과 천사들은 영원한 생명에 이르도록 예정되었고(딤전5:21; 마25:41), 다른 이들은 영원한 사망에 이르도록 미리 정해졌다(롬9:22-23; 엡1:5-6; 잠16:4).

예정은 선택과 유기로 구성되어 있다. 이를 이중예정론이라고 부른다. 선택에서는 하나님의 은혜가 얼마나 큰 것인가를 나타내는 목적이 있으며, 유기에서는 하나님의 공의를 나타내는 목적이 있다. 선택에 있어서 이스라엘의 경우는 집단적 차원에서 모든 민족에게 하나님을 아는 지식을 드러내기 위해 선택받은 것이며, 개인적 차원에서 선택받은 자들만이 구원의 은혜를 얻었다(롬 11:5).

3항에서 염두에 두고 있는 오류들은 우선 소시니안주의인데, 그들은 자유로운 피조물의 결정을 우선으로 한다. 그리고 다음으로, 알미니안주의자들인데, 그들은 인간의 결정과 행위를 하나님이 미리 알고 계시며, 그것을 근거로 선택했다고 주장한다. 알미니안주의자들은 무조건적 선택을 반대하고 조건적 선택을 주장한다. 3항의 언급으로부터 현대 신학에서의 오류를 발견할 수 있다. 열린 이신론주의(open theism)로서 하나님은 인간의 행위에 따라서 행동하신다는 주장을 하고 있다. 예정론을 극단으로 반대하는 신학이며, 하나님의 주권이 있을 곳이 없다.

> **3.4.** 예정되었으며, 미리 정해진 천사들과 사람들은 개별적으로 그리고 불변하게 정해져있으며, 그들의 수효는 확실하고 확정적이므로, 이것은 증가되거나 감소될 수 없다(딤후2:19; 요13:18).
>
> **3.5.** 하나님은 생명에 이르도록 예정되어 있는 사람들을 창세 전에 자신의 영원하고 불변하는 목적과 은밀한 계획과 자신의 선하시고 기쁘신 뜻을 따라서 그리스도 안에서 선택하시어 영원한 영광에 이르게 하셨다(엡1:4, 9, 11; 롬8:30; 딤후1:9; 살전5:9). 하나님은 값없이 주

> 시는 은혜와 사랑으로부터 그들을 선택하셨으며, 하나님이 그들의 믿음이나 선행행위 혹은 그들 속에 믿음을 지키는 것, 혹은 피조물들 안에 있는 어떤 것을 미리 보시고 그것을 조건이나 혹은 하나님을 감동시키게 하는 원인들이 되었기 때문에 선택하신 것이 아니며(롬9:11, 13, 16; 엡1:4, 9) 모든 이로 하나님의 영광스러운 은혜를 찬양하게 하셨다(엡1:6, 12).

청교도들은 구속언약 개념을 사용하였다. 아버지와 아들 간의 선택하신 백성에 대한 구속의 방법에 대해서 약속하셨다는 것이다. 청교도들은 구속언약의 개념을 이사야 53장 10절과 요한복음 17장 1-5절을 근거로 하였다. 물론 사도 바울의 창세 전에 그리스도 안에서 우리를 택하셨다고 하는 에베소서 1장 4절의 말씀을 언급하였다.

또한 청교도들은 하나님의 선택의 영원한 목적을 '우리로 거룩하게 하는 것'이라는 것을 강조하였다. 이는 성화의 효과가 나타나야만 그 사람이 선택된 것을 확인할 수 있다는 논리이다(롬8:29). 본인이 선택되었다고 말하면서, 자신에게 성화의 은혜와 증거들이 나타나지 않는다면 스스로의 거짓 확신이라는 것이다. 여기에는 신학적 이유와 논거가 있는데, 그리스도의 중보 사역을 통해 선택이 유효하게 되며, 선택된 백성의 효과는 그리스도 안에 있는 것이다. 선택이 유효하게 된 백성에게는 그리스도 안에 있는 증거가 분명하게 나타날 수밖에 없다는 것이다(갈2:20). 더욱이 하나님의 선택한 백성에게는 하나님의 때에 성령의 거룩하게 하는 역사 혹은 성령의 유효한 역사로 인하여, 회개와 믿음이 일어나게 될 것이며, 그것은 성화로 증거될 것이기 때문이다(살후2:13).

청교도들의 이러한 서술에서 가장 강하게 반대한 것은 알미니안주의이다. 알미니안주의자들은 하나님의 작정이 시간상으로 앞섰다고 할지라도 그 실제적인 효력은 인간의 행위가 이루어진 후에야 비로소 발효된다고 말한다. 하나님의 선택이 인간의 의지적인 결정에 의존한다고 주장한다. 이는 삼위 하나님의 구속 사역을 철저히 무시하고 있는 신학이다. 21세기에서도 이러한 신학은 여전히 우세하고 있다. 한편으로 소시니안주의자들은 시간 속에서 선택이 이루어졌다고 주장하는데, 이것 역시 오류이다.

예정을 반대하는 신학도 문제가 크지만, 예정 교리를 남용하는 신학도 문제이다. 하이퍼 칼빈주의(Hyper-Calvinism)는 예정을 남용하여, 하나님의 주권만을 강조하고, 인간의 책임을 완전히 무시한다. 예를 들어, 하이퍼 칼빈주의자들은 하나님께서 정해 놓으신 사람들을 하나님께서 하나님의 때에 건지실 것이라고 말하면서 전도를 하지 않는다. 그리고 그들은 심지어 '성령의 유효한 역사가 아직 일어나지 않았어도, 구원받는다'고 말한다. 왜냐하면 하나님께서 예정해 놓으셨기 때문이라고 한다. 이들의 신학이 오류라는 것은 하나님께서 선택하신 백성에게 구원이 일어나게 하실 때, 수단과 방법을 정해 놓으셨는데(6항에서 설명하고 있다), 그것을 무시하는 것이다. 하나님은 복음 설교가 행하여지고 있는 곳에서 자신의 선택한 백성들을 건지시기 때문이다.

> **3.6.** 하나님은 선택한 자들을 영광에 이르도록 작정하신 것처럼, 그의 뜻의 영원하고 가장 자유로운 목적에 따라서 그 목적을 이루기 위해 모든 수단을 미리 정하셨다(벧전1:2; 엡1:4-5, 2:10; 살후2:13). 그러므로 그의 선택받은 자들은 아담 안에서 타락했으나 그리스도에 의해 구속받으며(살전5:9-10; 딛2:14), 때가 되면 성령의 역사에 의해 그리스도에 대한 믿음으로 유효하게 부름을 받는다. 그들은 의롭다 함을 받으며, 양자가 되고, 성화되며(롬8:30; 엡1:5; 살후2:13), 그의 능력으로 믿음을 통하여 구원에 이르기까지 지키심을 받는다(벧전1:5). 오직 택함받은 자 외에는, 다른 아무도 그리스도로 말미암아 구속받거나 유효하게 부르심을 받거나, 의롭다 함을 받거나, 양자가 되거나, 성화되거나, 구원받지 못한다(요17:9; 롬8:28; 요6:64-65; 요10:26; 8:47; 요일2:19)

아담 안에서 타락하였다. 그러나 하나님께서 선택한 백성은 그리스도에 의하여 구속함을 받는다. 하나님께서 선택한 자의 구속을 위해서 정해 놓으신 것은 그리스도의 인격과 사역이다. 그리스도가 진리이며, 생명이신 이유이다. 하나님께서 오직 그리스도를 통해서만 우리가 구원을 얻도록 정하신 것이다. 따라서 그리스도에 의해서, 그리스도와 함께, 그리스도 안에서 모든 구원의 복들이 우리에게 흘러 들어온다. 그래서 그리스도 밖에서는 구원이 없다.

그런데 예정의 실행의 수단들이 작정되었다. 따라서 하나님의 선택된 자들이 수단 없이 구원받는 것이 아니라, 반드시 하나님의 말씀의 수단 아래에 있어야 하는 것이다. 하나님께서 정하신 수단을 사용하는 가운데 선택된 백성이 나타나는데 이것을 '성령의 유효한 부르심'이라고 부른다(행13:48). 하나님께서는 항상 성령으로 우리의 구원을 유효하게 하신다. 성령께서 그리스도의 구속을 선택하신 자들에게 적용하여 그리스도에 대한 믿음을 갖게 하신다. 따라서 성령의 역사에 의한 그리스도에게로 효과적인 부르심이 우리에게 필요하다. 이렇게 유효하게 부르심을 입은 자들에게는 믿음이 발생되고, 그 믿음으로 그리스도에게로 연합되어서 칭의, 양자됨, 성화, 견인의 은혜가 주어진다. 이 가운데 성화는 눈으로 확인할 수 있는 은혜이기 때문에 진정으로 선택된 백성이라면 성화가 나타나게 되어 있다. 이것은 선택과 함께 선택의 수단과 목적을 정해두셨기 때문이다(엡 1:4).

6항의 서술로부터 2대 오류를 확인할 수 있다. 알미니안주의자들은 선택 교리를 반대하는데, 주의 은혜가 아니라 자신들의 의지에서 나온 믿음으로 그리스도를 영접하고, 자신이 믿음을 끝까지 지켜야 구원받는다고 말한다. 이들의 주장은 회개와 믿음이 일어나게 하는 성령의 유효한 역사를 부정하는 것이다. 또한 성화의 주가 되시는 성령의 역사도 부정하고 있다. 다른 하나의 오류는 도덕률폐기론주의자들이다. 이들은 칭의만 있어도 구원을 받으며, 성화는 구원에 직접적 요소가 아니라고 주장한다. 물론 성화가 있으면 좋지만, 없어도 구원받을 수 있다고 주장한다.

그러나 성경에서는 성화가 구원의 필수 요소라고 말하고 있으며(히 12:14) 선택의 목적이 성화라고 말한다(엡1:4). 도덕률폐기론주의이기도 한 하이퍼 칼빈주의도 오류이다. 하이퍼 칼빈주의자들은 하나님께서 선택하신 백성을 하나님께서 건지실 것이라고 하면서, 전도를 행하지 않는다. 그리고 선택되었다면, 성령의 유효한 역사가 없어도 구원받은 것이라고 말한다. 하이퍼 칼빈주의는 영국에서 1690-1790년에 유행하였던 것으로서 오늘날에도 교회에서 쉽게 볼 수 있는 오류이다. 이러한 오류들로 인하여 교회는 육신적이되며, 세속화가 된다.

따라서 6항의 후반부분은 선택과 성령의 유효한 부르심, 그리고 칭의, 양자됨, 성화를 연결하여 말하였던 것이다. 청교도들이 이렇게 연결하여 말하기 시작한 것은 윌리엄 퍼킨스의 '황금 사슬'(1591년) 이후이며, 도르트 신조(1619년)에서도 '황금 사슬'이라는 용어를 사용했는데, 성령의 유효한 역사를 부정하고, 선택 교리를 반대하는 알미니안주의를 논박하기 위한 것이었다. 그런데 6항에서는 퍼킨스보다 한 걸음 더 나아가서 그리스도와의 연합교리를 넣어서, 선택-성령의 유효한 부르심-그리스도와의 연합(칭의, 양자됨, 성화, 견인)의 순서로 설명함으로, 구원의 서정 교리와 그리스도와의 연합 교리를 균형 있게 서술하였다. 이러한 순서는 웨스트민스터 신앙고백서 10장에서 유효한 부르심을 다루고, 11장에서 칭의, 12장에서 양자됨, 13장에서 성화를 다루는 것에서 다시 강조된다.

> **3.7.** 하나님은 자신의 헤아릴 수 없는 뜻에 따라서 은혜를 베풀기도 하시고 거두시기도 하는데, 자신의 피조물에 대해서 자신의 주권적 능력의 영광을 위해 나머지 인류를 택하지 않으시고, 그들의 죄에 대해서 수치와 진노를 당하도록 정하시어 자신의 영광스러운 공의를 찬양하게 하시기를 기뻐하셨다(마11:25-26; 롬9:17, 18, 21, 22; 딤후 2:19-20; 유4; 벧전2:8).

웨스트민스터 신앙고백서는 '유기'라는 말을 거의 사용하지 않는다(33장에 한 번 사용). 유기란 하나님이 일부 사람들을 버려두시고, 진노를 당하도록 작정하신 것이다. 유기하신 이유는 그들의 죄 때문이다. 이렇게 유기 교리는 하나님의 공의를 나타내기 위한 것이다. 물론 선택 교리는 하나님의 무한하신 사랑을 나타내기 위한 목적을 가지고 있다.

이러한 설명의 배경에는 오류들이 있다. 우선 퀘이커주의자들이 주장하는 하나님은 어떤 사람도 멸망에 이르게 하지 않는다고 한다. 더욱이 로마 카톨릭주의자, 알미니안주의자, 소시니안주의자들은 모든 사람들이 그리스도에 의해 구속된다고 주장한다. 오직 선택된 자만이 구원받는다는 것은 잘못된 것이라고 주장한다.

이러한 오류들은 현대 교회에 여전히 공존하고 있다. 인간이 죽은 후에 심판이 없다고 하는 영혼 멸절설의 주장이 있으며, 사후에 중생할 수 있다는 신학과 지옥이 없다고 하는 주장도 있다. 모두 하나님의 사랑의 속성만을 강조하고, 하나님의 공의를 거부하는 신학들로서 명백한 오류들이다.

> **3.8.** 아주 신비한 이 예정의 교리는 특별히 신중하고 조심성 있게 다루어져야 한다(롬9:20, 11:33; 신29:29). 그래서 사람들은 그의 말씀에 계시된 하나님의 뜻에 유의하고, 그것에 순종하며, 그들의 유효한 부르심의 확실성으로부터 그들의 영원한 선택을 확신할 수 있다(벧후1:10). 따라서 이 교리는 하나님을 찬양하고, 경외하며, 흠모해야 할 이유를 제공하며(엡1:6; 롬11:33) 그리고 복음에 신실히 순종하는 모든 자들이 겸손해야 하며, 부지런해야 하고, 풍성한 위로를 위한 이유를 제공한다(롬11:5-6, 20; 벧후1:10; 롬8:33; 눅10:20).

하나님의 뜻은 부분적으로는 감추어져 있으며, 부분적으로는 나타나 있다(신29:29). 따라서 하나님의 예정은 실행되기 전까지는 우리가 알 수 없으며, 효과가 나타남으로 알 수 있다. 선택된 사람은 성화를 통해서 선택되었다는 것을 확인할 수 있으며, 유기된 자는 그의 타락을 통해서 버림받았다는 것을 확인할 수 있다. 이러한 예정 교리를 목회적으로 적용한 신학자가 윌리엄 퍼킨스이다.[85] 따라서 퍼킨스는 교인들로 하여금 자신에게 성화가 있는지의 여부를 확인하도록 도전하였으며, 타락한 경우가 유기 교리에 해당되는 것을 강조하고, 경고

---

85 Golden Chaine(1591), Exposition of Symbole(1595) 작품이 여기에 해당된다.

하여서 교인들로 하여금 영적 주의를 갖게 하였다. 그러면서 퍼킨스는 유기 교리를 다룰 때, 타락과 배교의 효과가 나오기 전까지는 누구에게도 유기 교리를 적용해서는 안 되며 신중해야 할 것을 당부하였다. 왜냐하면 하나님께서는 어떤 죄인들도 회개시켜 구원하시기 때문이다.

퍼킨스를 비롯해서 청교도들은 예정론을 사변적(思辨的)으로 다루지 않았고 체험적으로 다루었다. 이를 체험적 예정론(experimental predestination)이라고 부르기도 한다. 신앙고백서의 이 항목은 사변적이거나 호기심으로 예정 교리를 대해서는 안 될 것을 언급하였다. 예정 교리는 오직 거듭난 사람들이 영적인 눈을 가지고 이해할 수 있는 것이다. 그래서 칼빈은 예정 교리를 기독교 강요(1559) 3권 21-24장에서 다루었다. 이렇게 설명하는 것은 성경적인데, 바울이 로마서 1-8장까지 구원의 은혜를 설명하고, 9장에서 예정 교리를 설명했던 것과 같은 이치이다. 아직 거듭나지 않아서 예정 교리가 이해되지 않는다면 하나님의 말씀에 계시된 그의 뜻에 유의해야 한다. 결국, 선택교리는 구원의 은혜를 깨달은 자로 구원의 근거와 원인이 하나님에게 있음을 인정하고 감사하게 하며, 고난을 당하는 진정한 신자들에게는 위로를 주는 교리이다.

제4장 창조

> **4.1.** 성부와 성자와 성령 하나님은(히1:2; 요1:2, 3; 창1:2; 욥26:13; 33:4) 자신의 영원한 능력과 지혜와 선하심의 영광을 나타내시기 위해서(롬1:20; 렘10:12; 시104:24; 33:5, 6), 태초에 아무것도 없는 것에서부터 세상과 그 안에 있는 모든 것들과 보이는 것과 보이지 않는 것들을 6일 동안에 창조하시기를 기뻐하셨으며, 모든 것이 심히 좋았다(창1:1-31; 히11:3; 골1:16; 행17:24).

창조 사역은 삼위 하나님의 공동 사역이다. 성부(고전8:6), 성자(요1:2, 3). 성령(창1:2; 욥 26:13) 신성을 드러내시는 사역에 삼위 하나님이 동등하게 참여하셨다. 창조는 하나님의 영광을 설교한다. 4장 1항에서 아무것도 없는 것에서 모든 것들이 만들어졌다는 것을 강조하고 있는데, 이는 소시니안주의의 오류를 드러내기 위한 것이다. 소시니안주의자들은 이미 존재하고 있는 물질에서부터 세상이 만들어졌다고 주장하였다. 한편으로 1항에서 6일 창조를 밝히고 있는데, 이것에 대해 오늘날에 과학적 자료를 가지고 여러 가지 방식으로 해석하려는 시도들이 있다. 그러나 최근에 미국장로교회(PCA)의 경우에는 6일 창조로 확정하였다.

> **4.2.** 하나님은 다른 모든 피조물들을 만드신 후에, 사람을 남자와 여자로 창조하시고(창1:27), 이성적이고 불멸적인 영혼을 주셨고(창2:7; 전12:7; 눅23:43; 마10:28), 자기 자신의 형상을 따라(창1:26; 골3:10; 엡4:24) 지식과 의와 참된 거룩함을 부여하셨으며, 그들 마음에 하나님의 율법을 기록하셨고(롬2:14, 15), 그 율법을 성취할 수 있는 능력도 주셨다(전7:29). 그러나 그들은 범죄할 수 있는 가능성 아래에 있었는데, 그들의 의지에 자유가 있었으며, 의지는 변할 소지가 있었다(창3:6; 전7:29). 그들은 마음에 새겨진 율법 외에도, 선악을 알게 하는 나무의 열매를 따먹지 말라는 명령을 받았다(창2:17; 창3:8-11, 23). 그들이 이 명령에 순종하는 한 하나님과 교통하는 행복을 누렸으며, 모든 피조물들을 다스렸다(창1:26, 28).

창조에 있어서 창조주와 피조물과의 구별은 우리로 항상 겸손하게 만든다. 그리고 인간을 남자와 여자로 만드셨다는 것은 결혼의 중요성을 말해준다. 2항에서 하나님의 형상으로 지음을 받았다는 것은 지식과 의로움과 거룩함이 부여되었다는 의미이다. 자유의지는 본성의 빛과 거룩한 성향에 따라서 기능을 발휘할 수 있었다. 아담과 하와는 자발적으로 하나님의 명령을 충분히 지킬 수 있었으며, 하나님의 명령을 지키는 한 행복한 삶을 영위할 수 있었다.

본 항에서 하나님의 법이 인간의 마음에 명료하고 분명하게 새겨 졌다고 말한다(롬2:14, 15). 아담이 죄에 빠지기 전에 율법에 대한 지식은 완전하고 광범위한 것이었으며 하나님께서는 도덕법을 지킬 수 있는 능력도 주셨다는 것을 분명히 하고 있다. 이것은 십계명이 마음에 새겨졌다는 것을 의미하는 것이다. 웨스트민스터 총회원들에게 신학적으로 이렇게 해석할 수 있도록 영향을 준 신학자들로서 토마스 카트라이트와 제임스 우서를 들 수 있다. 우선 토마스 카트라이트는 모세에게 주어진 율법이 창세 때에 아담과 하와의 마음속에 동일하게 기록되었다고 말하였다.[86] 제임스 우서는 첫 번째 부모인 아담과 하와가 선악을 알게 하는 나무의 열매를 먹었을 때, 십계명을 어긴 것으로 설명하였다.

하나님에게 불충성함으로 제1계명을 어겼고, 전능하신 하나님의 음성을 듣기보다는 아내의 음성과 마귀의 말을 받아들인 것이 제2계명을 어긴 것으로 보았다. 우서는 아담과 하와가 교만하여져서 하나님의 진리에 대해 이의를 제기하고 하나님의 원수와 교제한 것을 제3계명을 어긴 것으로 이해하였으며, 선악을 알게 하는 나무의 열매를 먹지 말라는 명령을 성례로 보고, 계명을 어김으로 예배의 계명인 제4계명을 범한 것으로 말하였다. 하나님의 음성보다 아내의 음성을 들은 것은 제5계명을 어긴 것이며, 자신들의 범죄로 자신들은 물론 이

86　토마스 카트라이드, 기독교 총론(김지훈 역) (서울: 신반포교회 출판부, 2017), 102.

거니와 모든 후손들을 죽음에 이르게 하였기 때문에 제6계명을 어겼으며, 정욕의 감정은 제7계명을 어긴 것이고, 현재의 상태에 자족하지 않고 열매를 먹은 것은 제8계명을 어긴 것이며, 하나님에 대한 거짓 고소를 받아들인 것은 제9계명을 어긴 것으로, 마귀의 제안에 악한 정욕을 품은 것은 제10계명을 어긴 것이라고 하였다.[87]

2항의 서두에서 영혼의 불멸성에 대해서 분명히 하였다. 그 당시 재세례파와 알미니안주의자들 가운데 인간의 영혼은 죽음과 부활 사이에 영혼이 잠을 잔다고 주장하였는데, 이것이 오류라는 것을 말하고자 하였다. 또한 신약성경에서 사두개인들이 영혼 멸절설을 주장하였으며, 현대 복음주의자들 가운데 영혼 멸절설을 주장하는 자들이 있다. 이것 역시 오류이다.

87　James Ussher, *A Body of Divinity* (Herdon: SGBC, repint 2007), 19-120.

제5장 섭리

> **5.1.** 만물의 위대한 창조자 하나님은 모든 피조물들과 행위(단4:34, 35; 시135:6; 행17:25, 26, 28; 욥38, 39, 40, 41장)와 가장 큰 것에서부터 가장 작은 것(마10:29-31)들을 유지하시고(히1:3) 인도하시며, 처분하시며, 통치하신다. 하나님은 자신의 지극한 지혜와 거룩한 섭리(잠15:3; 시104:24; 145:17)를 자신의 무오한 예지(행15:18; 시94:8-11)와 자유롭고 변하지 않는 자신의 뜻에 따라서(엡1:11; 시33:10, 11) 실행하시며, 이로써 그의 지혜, 능력, 공의, 선하심과 자비의 영광을 찬미하게 하신다(사63:14; 엡3:10; 롬9:17; 창45:7; 시145:7).

섭리는 만물의 통치와 보전으로 구성된다. 하나님의 통치는 자연적 차원과 도덕적 차원으로 나누어서 이중적이다. 그 이유는 통치의 대상이 이성과 영혼이 없는 피조물과 천사와 인간처럼 이성과 영혼이 있는 피조물로 구분되기 때문이다. 모든 피조물은 하나님에 의해 만들어졌으며, 하나님에 의해서 그 존재가 계속되는 것이다. 1항에서 강조된 것은 하나님의 섭리와 섭리의 범위, 섭리의 선하심에 대해서 마땅히 찬양해야 하는 것이다.

그러나 하나님의 섭리를 믿지 않거나 반대하는 오류들이 있다. 운명론자들은 하나님이 우주를 창조하실 때, 물질세계에는 자연법을 부과하시고, 인간에게는 도덕법을 주시고, 창조 이후로 각각 독자적으로 스스로를 유지하고 다스리도록 하셨다는 주장을 한다. 그러나 창조주 하나님은 모든 피조물을 통치하시고, 보전하신다. 또한, 이신론주의자와 합리주의자들은 하나님께서는 인과 관계의 시작에만 관여하시고, 만물은 영구한 독립적인 존재로서 그 자체의 기능을 가지고 행하도록 내버려 두셨다고 주장하는데, 잘못된 가르침이다. 범신론주의자들은 우주 내의 모든 현상들은 보편적이며 절대적인 본질의 여러 가지 형태에 불과하다고 생각하는데, 잘못된 사상이다. 웨스트민스터 신앙고백서 작성 당시 1항에서 염두에 두었던 오류들은 하나님의 섭리를 반대하였던 소시니안주의와 알미니안주의이다.

5.2. 제1원인 되시는 하나님의 예지와 작정에 따라, 모든 일들이 변함이나 틀림이 없이 일어날지라도(행2:23). 동일한 섭리로서 하나님은 제2원인들의 성질에 따라 그 모든 일들이 필연적으로, 자유롭게 또는 우발적으로 일어나도록 명령하셨다(창8:22; 렘31:35; 출21:13; 신19:5; 왕상22:28, 34; 사10:6, 7).

하나님께서 제1원인이시라는 것은 하나님께서 자신의 뜻을 실행하시는 분이시라는 것이다. 하나님은 어떤 누구의 도움도 필요로 하지 않으신다. 하나님께서 원하시는 대로 행하실 뿐이다. 그런데 하나님의 지혜로운 섭리는 모든 것이 일어나도록 명령하셨다. 이것을 자연의 제2원인이라고 부른다. 하나님은 '자연법'이라고 불리는 물리적 법칙에 따라 물질세계를 다스리신다. 이는 하늘의 법칙과 조화를 이룬다. 하나님은 자신의 주권적인 뜻이 유효하도록 다양한 수단을 사용하신다. 하나님께서 통상적 수단과 비상한 수단 모두를 자신의 뜻에 따라 사용하신다. 하나님의 완전한 섭리는 하나님의 완전한 예정으로부터 나온다.

5.3. 하나님은 일반적 섭리에서 여러 수단들을 사용하시지만(행27:31, 44; 사55:10, 11; 호2:21, 22) 수단들 없이(호1:7; 마4:4; 욥34:10) 수단들을 뛰어넘어서(롬4:19-21), 그리고 역행하면서 자신이 기뻐하시는 대로 자유롭게 역사하신다(왕하6:6; 단3:27).

5.4. 하나님의 전능하신 능력과, 측량할 수 없는 지혜와, 무한한 선하심이 자신의 섭리 안에서 완전하게 나타난다. 이 섭리는 아담의 첫 번째 타락과, 천사들과 사람들의 모든 죄에게 확장되지만(롬11:32-34; 삼하24:1; 대상21:1; 왕상22:22, 23; 대상10:4, 13, 14; 삼하16:10; 행2:23; 4:27, 28) 단순한 허용에 의한 것이 아니며(행14:16), 지극한 지혜와 강력한 제한(시76:10; 왕하19:28)과 자신의 거룩한 목적

> 적을 위해(창 50:20; 사 10:6, 7, 12) 다양한 경륜 속에 있는 명령과 다스림과 묶여 있는 허용이다. 그러나 죄악성은 오직 피조물에게서 나온 것이요, 하나님에게서 나온 것이 아니다. 하나님은 가장 거룩하고 의로우시기 때문에 죄의 조성자이거나 승인자가 아니시다(약1:13, 14, 17; 요일2:16; 시50:21).

하나님께서 통상적 수단, 비상적 수단, 수단을 전혀 사용하지 않는 것 가운데 어떤 것을 택하시든지 하나님의 최고의 지혜와 섭리 가운데 일어나는 것이다. 이것은 자신이 기뻐하시는 대로 행하시는 것이기 때문에 하나님의 백성들은 반드시 자족하는 것을 배워야 한다.

하나님의 섭리는 죄를 일으키거나 시인하는 것이 아니다. 피조물의 죄와 하나님의 섭리를 연관시켜 말할 때는 하나님이 죄를 허용하시거나 제한하시어(왕하19:28) 자신의 거룩한 목적에 이바지하도록 다스리신다는 표현을 사용한다. 하나님은 이스라엘 역사 속에서 자신의 백성을 구원하시기 위해 악한 자들을 사용하시며, 자신의 백성을 징계하시기 위해서 악한 나라들을 사용하셨다(사10:6-7, 12).

> **5.5.** 가장 지혜로우시고 의로우시며 은혜로우신 하나님은 때때로 자신의 자녀들로 다양한 유혹과 자신들의 부패한 마음대로 행하게 내버려 두시는데, 그들의 과거의 죄를 징계하시거나 혹은 그들에게 감춰져

있는 마음의 부패와 거짓됨을 알게 하여 겸손하게 하고(대하32:25, 26, 31; 삼하24:1), 그들로 하나님에게 보다 가까이 나아가 하나님을 지속적으로 의지하게 하고, 죄를 지을 수 있는 모든 경우에 대해서 보다 경계하게 하며, 여러 다른 의롭고 거룩한 목적들을 성취하기 위한 것이다(고후12:7-9; 시73; 77:1, 10, 12; 막14:66-72; 요21:15-17).

하나님께서 신자의 죄를 허용하시는 이유는 거듭났다 할지라도 부패성이 지독하다는 것을 실제로 깨닫게 하시기 위한 것이다. 그리고 죄에 대해서 징계하시어서, 죄의 습관을 고치기 위한 것이다. 신자의 죄를 고치기 위해서 하나님은 징계의 수단으로 은혜를 잠시 거두시기도 한다. 이때, 영적으로 비참함을 경험하게 하여 하나님의 은혜의 회복을 갈망하게 한다. 결국, 하나님께서 은혜를 회복하셨을 때, 은혜의 소중성을 깨달아 귀하게 여기고, 죄의 끔찍함을 경험하게 하신 후 죄에 대해서 미워하고, 싸우게 만드시는 효과가 나타난다.

5.6. 의로운 재판장이 되신 하나님은 악하고 경건치 아니하여 하나님에게 죄를 지은 자들에게 그들이 지은 과거의 죄 때문에 그들의 눈을 어둡게 하시고 마음을 강퍅케 하시며(롬1:24, 26, 28; 11:7, 8), 그들의 마음을 깨우치고, 그들의 마음에 감화를 줄 수 있는 은혜를 거두신다(신 29:4). 또한 하나님은 때때로 그들이 가지고 있는 은사들을 거두시고(마13:12; 25:29) 그들의 부패성으로 죄를 지을 수 있는 상황에

노출시키시고(신2:30; 왕하8:12, 13), 그들을 자신의 정욕과 세상의 유혹과 사탄의 권세에 넘겨주시며(시81:11, 12; 살후2:10-12), 이로서 심지어 다른 사람들을 부드럽게 하기 위해 하나님이 사용하시는 수단 아래에서도 자신들을 강퍅하게 만든다(출7:3; 8:15, 32; 고후2:15, 16; 사8:14; 벧전2:7, 8; 사6:9, 10; 행28:26-27).

5.7. 하나님의 섭리가 일반적으로 모든 피조물들에게 미치는 것처럼, 하나님은 가장 특별한 방식을 따라 자기 교회를 돌보시며, 유익을 위해서 모든 것을 처리하신다(딤전4:10; 암9:8, 9; 롬8:28; 사43:3-5, 14).

5장의 마지막 부분은 하나님께서 자신의 백성의 유익을 위해서 고통을 사용하신다는 것을 분명히 하였다. 그런데 이 모든 일은 자신의 교회의 특별한 유익을 위한 것이다. 교회의 원수들이 교회를 해치려고 하지만 하나님의 섭리를 통해서 교회가 더욱 굳건해지는 역사를 이루신다. 마귀가 오류와 이단의 가르침을 교회에 침투시키고, 진실한 신자들을 핍박하지만 교회는 보전된다. 하나님의 섭리의 목적은 교회를 위한 것이다. 모든 민족과 사람들을 교회로 모이게 하신다.

인간론

제6장 인간의 타락, 죄, 형벌

6.1. 우리의 첫 조상은 사탄의 간계와 유혹에 미혹되어 금지된 실과를 먹음으로 죄를 지었다(창3:13; 고후11:3). 하나님은 자신의 지혜롭고 거룩한 계획을 따라 그들의 죄를 허용하시기를 기뻐하셨는데, 하나님의 목적은 그것을 통해서 자신에게 영광이 되게 하는 것이었다(롬 11:32).

인간이 창조될 때, 하나님의 율법을 알고 있었다. 도덕법이 그들의 마음에 새겨졌는데 하나님의 형상을 따라 지어졌기 때문이다(4장 2항 참조). 금지된 열매를 통해서 하나님의 권위에 대한 인간의 복종을 시험하는 목적을 가지고 있으며, 하나님의 은혜 가운데 있는 자로서 마땅히 복종해야 한다. 그러나 사탄의 유혹에 아담과 하와는 하나님의 계명을 어김으로 죄를 짓게 되었고, 이 죄는 결코 작은 죄가 아니었다. 하나님과 하나님의 권위를 거슬리는 반역이었다.

1항에서 원죄를 분명하게 설명하는 이유는 원죄에 대한 오류들 때문이었다. 펠라기우스주의, 후기 재세례파, 소시니안주의, 퀘이커주의는 원죄의 전가를 부정하였으며, 예수회, 도미니칸, 프란세스코회는 동정녀 마리아는 원죄를 가지고 있지 않았다고 주장하였다. 퀘이커주의자들은 어린 아이들이 원죄를 가지고 태어나지 않는다고 주장한다. 미국장로교회도 19세기 후반부터 보편주의를 받아들이면서, 1903년에 웨스트민스터 신앙고백서의 10장 3항을 개정하였는데, 모든 영아가 죽었을 때 구원받는다라고 수정함으로써 원죄의 교리를 부정하였다.

1항에서 하나님은 인간의 타락을 막으실 수도 있었음을 암시하는 언급을 하고 있다. 그러나 하나님께서 반드시 그렇게 하셔야 할 의무는 없으시다. 왜냐하면 인간에게 능력과 의를 이미 부여하셨기 때문이다. 그럼에도 불구하고 하나님은 인간의 타락을 허용하셨는데, 그의 지혜롭고 거룩한 계획에 의해서이다. 하나님은 이미 인간의 타락의 가능성을 이미 알고 계셨으며, 이것에 대해 하나님과 아들이 계획을 가지고 계셨고 아버지와 아들 간에 약속이 있으셨다. 이를 청교도들은 구속언약이라고 불렀다. 구속언약은 아들이 하나님을 영화롭게 하는 것이며, 하나님은 아들을 영화롭게 하는 것이다(요17:4, 5). 이 구속 언약으로 인해서 하나님은 아담과 하와가 죄를 지었을 때, 원래 경고하신대로 심판하시기보다는 은혜언약을 주셨다.

6.2. 이 죄로 말미암아 그들은 본래의 의와 하나님과의 교통에서 떨어져 나갔고(창3:6-8; 전7:29; 롬3:23) 죄 가운데 죽었고(창2:17; 엡2:1), 영혼과 육체의 모든 기능과 부분들이 온전히 더렵혀졌다(딛1:15; 창6:5; 렘17:9; 롬3:10-18).

아담이 지은 죄의 효과는 본래의 의를 잃어버리게 하였고, 영혼과 육체의 모든 기능들을 모두 오염되게 하였다. 영적 이해력은 어두워졌고, 의지는 강퍅하여졌으며, 감정은 더럽고 무질서하게 되었다. 육체도 오염되어서 죄를 짓는 불의의 도구가 되었다. 이제 인간은 하나님과의 교제를 상실하였고, 죄 가운데 죽게 되었다. 칼빈은 기독교강요 2권 3-5장에서 부패된 인간의 본성을 다루면서 중생의 필요성을 말하였다. 청교도들도 2항에서 중생의 필요성을 암시하고 있다.

6.3. 그들은 모든 인류의 근원이기 때문에 이 죄책은 그들의 모든 후손에게 전가되어(창1:27, 28; 2:16, 17; 행17:26; 롬5:12, 15-19; 고전15:21, 22, 45, 49) 죄로 인한 죽음과 부패된 본성이 일반적인 출생에 의해 그들로부터 후손에게 전달되었다(시51:5; 창5:3; 욥14:4; 15:14).

6.4. 이러한 원래의 부패로부터 우리는 선을 행하고자 하는 마음을 전혀 가질 수 없고, 행할 능력도 없으며, 반대하고(롬5:6; 8:7; 7:18; 골1:21), 전적으로 악을 행하는 성향만이 있으므로(창6:5; 8:21; 롬3:10-12) 모든 실제적인 범죄들을 저지른다(약1:14,15; 엡2:2,3; 마15:19).

원죄는 아담과 하와가 인류의 시조로 지은 죄이기 때문에 그 죄책과 죄로 인한 사망과 부패한 본성이 자연적 출생을 통해 후손으로 태어나는 모든 사람에게 전가된다. 아담이 처음 저지른 죄의 책임이 인류에게 전가되었다. 이는 인류의 보편적 타락을 의미한다. 따라서 4항에서 선을 행할 의지가 없고, 능력도 없으며, 악을 행하려는 성향만 있다고 서술되었다.

4항의 서술은 원죄의 전가를 부정하는 오류들을 염두에 두고 있는데, 아담의 죄가 후손에게 전가되지 않는다고 주장하는 펠라기우스주의와 청교도 당시의 로마가톨릭과 알미니안주의와 소시니안주의이다. 알미니안주의자들은 인간이 선을 행할 능력을 완전히 상실하지 않았다고 주장한다. 18세기의 조나단 에드워즈는 알미니안주의가 오류임을 드러냈는데, 죄는 모방하는 것이 아니라 악을 스스로 저지르는 성향으로 인하여 인간이 악을 저지른다고 말하였다. 18세기 이후 알미니안주의는 웨슬리안을 중심으로 복음적 알미니안주의(Evangelical Arminianism)로 발전하여서, 19세기의 성결운동과 20세기 오순절운동으로 이어져 왔으며, 20세기 이래로 현대 복음주의자들은 알미니안주의 신학을 근본으로 하고 있다. 맥그레고 라이트(McGregor Wright)는 자신의 책인 *'No place for God's Sovereignty(하나님의 주권 실종, 1996)'*에서 현대 복음주의 신학에서는 하나님의 주권이 있을 곳이 없어졌다고 말한다.

> **6.5.** 이러한 본성의 부패는 이 세상을 사는 동안에 중생한 사람들에게 남아 있다(요일1:8, 10; 롬7:14, 17, 18, 23; 약3:2; 잠20:9; 전7:20). 비록 부패함이 그리스도를 통해서 용서받고 억제되고 있을지라도 부패된 본성과 그것으로부터 나오는 모든 행동들은 진실로 그리고 정확하게 죄이다(롬7:5, 7, 8, 25; 갈5:17).

5항에서는 인간의 죄를 다루면서 성화의 필요성을 강조하였다. 즉, 중생한 자에게도 부패성이 남아 있기 때문에 죄를 억제하여야 하고, 이는 인간의 본성으로 되는 것이 아니기 때문에 성령의 도우심으로 해야 한다. 청교도들은 성화를 두 부분으로 나누었다. 소극적인 면은 죄를 억제하고 죽이는 것이고, 적극적인 면에서는 성령을 따라 행하는 것이다. 그런데 도덕률폐기론주의자들은 청교도들의 이러한 관점을 행위 구원론으로 보고 반대하였다. 도덕률폐기론주의는 성화를 구원의 부분으로 포함시키지 않았으며, 성화를 칭의의 증거로 간주하는 것을 반대하였다. 도덕률폐기론주의자들은 청교도의 성화에 대한 강조와 신학적 이유를 이해하지 못하였다. 청교도들이 성화를 강조하였다 하더라도, 성화를 완전한 것으로 보지 않았으며 불완전한 것으로 보았다. 따라서 청교도들이 행위로 구원을 얻기 위해 성화를 강조한 것이 결코 아니다.

5항에서 드러나는 오류는 로마가톨릭의 가르침이다. 교황주의자들은 개혁신학에서 '본성의 부패'라고 부르는 '보편적인 죄의 성향' 혹은

'욕망'이 원죄의 일부가 아니며 그 자체로는 아무런 죄에 해당되지 않는다고 주장한다. 교황주의자들은 원죄가 세례를 통해 제거된다고 믿고 부패한 성향이 있는 것은 원죄의 일부가 아니며, 아담 안에 처음부터 존재했던 자연적 본성이라고 말한다. 그러나 성경에서는 욕망을 죄라고 말한다.

> **6.6.** 모든 죄는 원죄이든, 자범죄이든 모두 하나님의 의로운 법을 어기는 것이며, 그것에(의로운 법에)대해 반대하는 것이다(요일3:4). 따라서 본성 안의 모든 죄는 죄인들에게 죄책을 주며(롬2:15; 3:9, 19) 그 죄책 때문에 죄인은 하나님의 진노(엡2:3)와 율법의 저주를 받게 된다(갈3:10). 결과적으로 죄인은 영적인 비참함과, 일시적인 비참함(롬8:20; 애3:39), 그리고 영원한 비참함(마25:41; 살후1:9)과 함께 죽음에 굴복된다(롬 6:23).

6항에서는 하나님의 법을 어기는 것을 언급함으로 죄에 대한 개념을 분명히 하고 있다. 율법을 어기는 것이 죄이며, 죄인은 율법을 어긴 것에 대해서 형벌을 받는다. 청교도들이 죄성과 죄에 대한 결과를 강조하였던 것은 전도적인 목적이 있었다. 죄를 깨달아야만 그리스도를 믿어야 할 이유와 필요성을 알기 때문이다. 이것은 청교도들이 루터를 따라서 전도의 수단으로서 율법의 제1기능을 강조하였던 것이다.

6항은 오늘날의 교회 안에 있는 죄에 대한 오류를 드러내고 있다.

펠라기우스주의자들과 소시니안주의자들은 죽음이 죄의 형벌이 아니라고 주장한다. 이들은 아담이 처음부터 유한한 존재로 창조되었기 때문에 그의 후손도 똑같이 유한하다고 주장한다. 그리고 로마가톨릭교회에서는 어떤 죄는 죽음에 이르게 하며 어떤 죄는 사소한 죄라고 가르친다. 그러나 죄는 아무리 작은 죄라 할지라도 하나님의 심판을 불러일으킬 뿐만아니라 죽음과 정죄에 이르게 한다. 더욱이 도덕률폐기론주의자들은 하나님의 자녀들에게 있는 어떤 죄도 하나님이 보지 않으신다고 주장한다. 더 나아가서, 신자가 계명을 지킬 필요가 없다고 주장한다. 그러나 하나님은 신자에게 있는 죄를 보시며, 율법은 신자로 죄를 깨닫게 한다. 따라서 도덕률폐기론주의는 심각한 오류이다.

청교도 시대 이후로 죄와 죄책에 대한 오류들은 계속 일어났다. 18세기에 조나단 에드워즈(Jonathan Edwards, 1703-1758)가 알미니안주의자인 찰스 촌시(Charles Chauncy, 1705-1787)와 논쟁을 할 때, 찰스 촌시는 에드워즈의 죄와 하나님의 심판에 대한 설교를 비판하였다. 촌시는 하나님이 그렇게 심판하시며, 무서운 하나님이라면 자신은 믿지 않겠다고 하면서, 에드워즈의 하나님의 심판에 대한 설교는 '하나님은 사랑이심이라'라는 구절과 맞지 않다고 하였다. 이에 대해서 에드워즈는 촌시에게 하나님의 자비만을 말하고 공의를 무시하는 것은 잘못된 것이며, 하나님의 자비만을 취한다면 성경의 하나님이 아니라 당신의 이성을 가지고 재구성한 하나님이라고 답했다.

촌시와 같은 주장을 하는 신학자들은 오늘날에 더욱 강력하여졌다. 클락 피녹(Clark Pinnock, 1937-2010)이나 호와드 마샬(Howard Marshall, 1934-2015)와 같은 현대 알미니안주의자들은 하나님의 심판을 부정하고, 지옥교리를 부정하였다.[88] 20세기부터 복음주의 진영에서 사용하고 있는 전도 소책자들은 죄에 대한 개념을 모호하게 만들었다. 사람의 이기적인 성향을 죄로 언급함으로서, 죄에 대한 개념을 주관적으로 바꾸었으며, 죄를 모호하게 언급하였다. 더욱이 죄에 대한 하나님의 심판을 고의로 누락시킴으로서 복음의 중요한 내용을 왜곡하고 있다. 더욱이 현대 복음주의에서는 죄의 개념을 심리적인 것으로 바꾸어서, 인간적인 상담으로 죄책을 떨쳐내는 사역들을 행하고 있다.

---

88 Clark Pinnock ed. *The Grace of God*, *The Will of Man* (Grand Rapids: Zondervan, 1989).

기독론

제7장 하나님의 언약

> **7.1.** 하나님과 피조물 사이의 간격은 너무나 크기 때문에, 비록 이성적인 피조물들이 자신들의 창조주이신 하나님에게 마땅한 순종을 하였다 할지라도 의무수행의 결과로 축복이나 보상을 하나님으로부터 가질 수 없으며, 다만 하나님 편에서 자발적 낮추심의 방법에 의해서 얻을 수 있다. 하나님은 이를 언약의 방식으로 나타내기를 기뻐하셨다 (사40:13-17; 욥9:32, 33; 삼상2:25; 시113:5, 6; 100:2, 3; 욥22:2, 3; 35:7, 8; 눅17:10; 행17:24, 25).

하나님께서 사람을 부르시고 그 관계를 언약의 관계로 정하셨다. 언약은 약속과 약속을 어길 경우에 내려질 벌을 포함하고 있다. 그런데 1항은 언약에 있어서 하나님의 주권을 강조하였다. 언약의 주체이신 하나님과 피조물 사이의 간격이 매우 크다고 전제하고, 피조물인 인간이 순종한다 할지라도 그것에 대한 축복과 보상을 요구할 수 없음을 말하였다. 1항에서 언약을 설명할 때, 청교도들이 강조하였던 것이 있다. 즉, 창조주 하나님께서 자발적으로 낮추시어서(condescension) 피조물인 인간에게 오셔서 언약을 베풀어주셨다고 설명하였다. 청교도 가운데 언약을 다루었던 존 볼(John Ball)은 언약에서의 하나님은 자신을 자신의 피조물에게 구속시키기를 기뻐하신 것이라고 말하였다. 즉, 창조주이신 하나님께서 자신을 낮추셔서 피조물인 인간에게 오신 것으로 하나님의 주권적 은혜를 강조하는 것이다. 또한 제임스 우서는 언약의 핵심으로서 하나님께서 우리의 하나님이 되시는 것이며, 우리는 그의 백성이 되는 것이라는 것을 강조하였다(렘31:33).

> **7.2.** 인간과 맺은 첫 번째 언약은 행위언약이었다(갈3:12). 이 언약에서 아담과 그의 후손에게 생명이 약속되었는데(롬10:5; 5:12-20) 언약의 조건은 완전하고 개별적인 순종이었다(창2:17; 갈3:10).

하나님께서 인간과 첫 번째 맺은 언약을 행위언약이라고 말한다. 행위언약이란 용어는 웨스트민스터 총회 이전에 청교도 신학자인 토마스 카트라이트와 제임스 우서가 사용하던 것이었다. 행위언약은 하나님께서 아담에게 개인적인 순종을 조건으로 생명을 약속하신 것인데, 아담의 수용에 근거해서 맺어진 것이 아니라, 하나님의 주권적 은혜로 이루어진 것이다. 이렇게 하신 이유는 아담에게 순종할 수 있는 능력을 이미 주셨고, 아담으로 기꺼이 그리고 자유롭게 순종하도록 하신 것이다. 더욱이 행위언약은 믿을 것을 요구하신 것이 아니며, 의롭게 되는 것을 위한 것도 아니다. 다만 개인의 완전한 순종을 요구하신 것이다.

2항에서 행위언약이 아담뿐만 아니라 그의 후손과 맺어진 것으로 언급하고 있는데, 행위언약이 아담 자신을 위한 것일 뿐만 아니라 그의 자연적 후손을 위한 것이다. 그래서 아담은 자신과 후손을 위해서 언약의 조건을 충족시켜야 했으며, 하나님께서 요구한 순종을 실천에 옮겨야 할 충분한 동기가 된다. 웨스트민스터 총회원들이 이 부분을 명확히 한 이유는 펠라기안주의자들과 소시니우스주의자와 알미니안주의자들을 반박하기 위한 것이다. 왜냐하면 웨스트민스터 총회 당시 알미니안주의자들이 아담이 인류의 대표자라는 명제를 받아들이지 않았기 때문이다. 2항의 행위언약에 대한 서술의 주안점은 행위언약과 은혜언약을 뚜렷이 구별하여 알미니안주의를 논박하는 것이다.

7.3. 타락으로 인간이 행위언약으로서 생명을 얻을 수가 없게 되었기 때문에, 주께서 두 번째 언약(갈3:21; 롬8:3; 3:20, 21; 창3:15; 사42:6)을 맺기를 기뻐하셨다. 이 언약은 일반적으로 은혜언약이라고 불린다. 이 언약에서 하나님은 죄인들에게 그리스도로 말미암는 생명과 구원을 값없이 제공하시며, 구원을 받으려면 그리스도를 믿으라고 요구하시고(막16:15, 16; 요3:16; 롬10:6, 9; 갈3:11), 생명에 이르도록 작정되어 있는 모든 자들에게 그의 성령을 주시어, 그들로 기꺼이 그리스도를 믿을 수 있게 하실 것을 약속하셨다(겔36:26, 27; 요6:44, 45).

2항에서 3항으로 넘어가면서 행위언약과 은혜언약의 관계를 설명하였다. 아담이 타락한 것을 먼저 언급하고, 타락으로 인하여 행위언약으로 생명을 얻을 수가 없다는 것을 분명히 하였다. 아담이 행위언약을 어긴 이후에 그 어떤 누구도 율법의 행위로 의롭다 함을 받을 수 없게 되었다고 서술하였다(갈3:21). 따라서 아담의 타락 이후에 거듭나지 않은 상태에 있는 자는 행위언약 아래에 있다. 이 상태에서는 자신의 행위 혹은 율법을 지켜서 의로워지려고 한다. 그래서 기독교 외에 모든 종교가 자신의 행위를 가지고 구원받으려고 하는 이유를 확인하게 된다.

청교도들은 이 부분에서 로마서 8:15절을 가지고 '종의 영(Bondage of the Spirit)' 교리를 끌어내었다.[89] 성령께서 율법을 가지고 죄인들이 율법을 도무지 지킬 수 없으며, 오히려 죄와 불의 가운데 있다는 것을 깨닫게 하셔서, 율법을 지켜서 구원얻고자 하는 시도를 포기하고, 오직 주의 은혜로 구원받기를 소망하는 상태로 설명하였다. 그리고 성령은 죄인이 의로워질 수 있는 방법으로 오직 그리스도를 믿는 것 외에 없다는 것을 깨닫게 하여 그리스도에게로 가게 한다고 말하였다(갈 2:16).

따라서 2항은 타락 이후 행위언약으로 어떤 인생도 생명을 얻을 수 없기 때문에 하나님께서 두 번째 언약을 맺기를 기뻐하셨는데, 이것

---

89 대표적인 신학자로서 존 오웬을 들 수 있다. 청교도들은 종의 영의 교리에 따라서, 인간을 원죄 이전의 상태, 원죄 이후의 상태, 그리고 종의 영의 상태, 회심 후의 상태로 구분하기도 하였다. 조나단 에드워즈 시대에는 '종의 영'의 교리가 교회에서 일반적으로 사용되었다.

이 은혜언약이라고 설명하였다. 은혜언약은 하나님께서 자신의 아들을 주실 것을 약속하신 것이다. 신약성경에서는 그리스도 자신이 새 언약인 것을 분명히 말한다. 은혜언약에서 성령도 약속되어 있다. 성령께서 우리로 십자가에 못 박히신 그리스도와 부활하신 그리스도를 우리가 기꺼이 믿을 수 있게 하신다. 은혜언약 안에서 아버지, 아들, 성령께서 우리와 관계를 가지신다. 하나님께서는 은혜언약으로써 죄인들에게 그리스도로 말미암은 생명과 구원을 값없이 제공하시는데, 그리스도에 대한 믿음을 요구하시고, 그들로 구원받게 하셨다고 말한다. 그리고 생명을 얻도록 작정된 모든 이들에게 자신의 성령을 주시기로 약속하셨으며, 기꺼이 믿을 수 있도록 하셨다고 설명한다.

3항의 앞부분에서 행위언약으로는 아담의 타락으로 인하여 생명을 얻을 수 없다는 것을 강조하고 있는데, 알미니안주의의 오류를 분명히 하고자 하는 목적이 있었다. 알미니안주의자들은 하나님께서 명령하신 것을 지킬 수 있다고 말한다. 그러나 아담의 타락 이후로 아담과 아담의 후손들은 명령하신 것을 행할 수 없다. 왜냐하면 타락으로 인하여 그 능력을 잃어버렸기 때문이다. 따라서 행위언약으로는 생명을 얻을 수가 없으며 단지 죄를 깨달을 뿐이다. 그래서 아담의 타락 직후에 곧바로 하나님께서 두 번째 언약인 은혜언약을 맺은 것이며, 이것은 그리스도를 약속하신 것이고, 그로 말미암아 하나님과 화목되고, 구원을 얻을 수 있는 것이라고 하였다. 그리고 이 은혜언약은 그리스도를 믿는 것이 조건인데, 그리스도를 믿을 수 있도록 구원의 은혜에 작정된 자에게는 성령의 유효한 역사가 있을 것이라고 언급하였다.

은혜언약에서 믿음을 조건으로 말하고, 그 믿음이 성령의 유효한 역사로 인하여 발생되는 것으로 말한 것은 진정한 믿음을 거짓 믿음으로부터 구별하기 위한 것이며, 진정한 믿음의 가시성(可視性)을 위한 것이다. 한편으로 성령의 유효한 역사를 배제하고 믿음을 구원의 조건으로 보는 알미니안주의를 논박하기 위한 설명이다. 또한 선택 교리를 반대하는 알미니안주의를 배격하기 위한 설명이다. 따라서 3항에서는 진정한 믿음이 은혜언약으로부터 나오는 것을 의미하고 있는데, 이것은 웨스트민스터 신앙고백서 14장 2항에서 구원의 믿음이 은혜언약의 덕택으로 주어지는 것으로 말하는 것과 같은 것이다.

7.4. 이 은혜언약은 유언자이신 그리스도의 죽음과 영원한 유업과 거기에 속해 있는 모든 것과 관련하여 성경에서 '유언'이라는 이름으로 자주 언급된다(히9:15-17; 7:22; 눅22:20; 고전11:25).

은혜언약의 수단은 그리스도뿐임을 말한다. 이것은 아담 타락 직후에 은혜언약 속에서 약속하신 것이다. 4항에서 그리스도의 죽음의 효력을 말한다. 이것은 은혜언약의 근거이다. 윌리엄 퍼킨스와 존 볼은 총회 이전에 은혜언약을 유언이라고 언급하였다.

7.5. 이 언약은 율법시대와 복음시대에 각기 다르게 집행되었다(고후 3:6-9). 율법 하에서 언약은 약속들, 예언들, 제물들, 할례, 유월절 양, 그리고 유대 백성들에게 전해진 다른 모형들과 의식들에 의하여 집행되었는데, 이 모든 것은 장차 오실 그리스도를 예표하였다(히8-10장;

> 롬4:11; 골2:11, 12; 고전5:7). 이것들은 그 당시에 성령의 역사를 통하여 약속된 메시야(고전10:1-4; 히11:13; 요8:56)를 믿는 신앙으로 선택된 자들을 교훈하며 세우는 데 충분하고 효과적이었다. 그들은 약속된 메시야로 말미암아 완전한 죄 사함과 영원한 구원을 얻었는데, 이를 '구약'이라고 부른다(갈3:7-9, 14).

5항은 은혜언약이 율법시대와 복음시대에 다른 방식으로 집행된 것을 설명하였다. 율법시대에 약속, 예언, 제사, 할례, 유월절 어린양을 비록해서 유대인들에게 주어진 의식들과 모형들로 은혜언약이 집행되었다. 그 모든 것은 장차 오실 그리스도를 예표한 것이라고 하였다. 약속, 예언과 제사들이 그리스도를 나타내는 것이며, 그리스도에 의한 구속의 개념이 담겨있는 것이다. 따라서 하나님께서 그리스도 안에서 그들을 자신의 백성으로 받아들이시고, 그들의 반역을 용서하시기를 기뻐하셨다는 것이다. 그래서 이러한 의식과 모형들을 통해서 그리스도를 깨달을 뿐만 아니라 그리스도에 대한 믿음을 가졌다고 설명하였다. 더욱이 이러한 것들은 당시에 성령의 역사를 통해 선택된 자들에게 약속된 메시야를 믿는 믿음을 세우고 가르치기에 충분하고 효과적이었다고 언급하였다. 그리고 약속된 그리스도로써 완전한 죄 용서함과 영원한 구원을 받았는데, 이것을 구약이라고 부른다.

성령의 역사는 구약에서도 선택된 백성에게 일어났으며 이는 믿음을 갖기에 충분한 것이었다고 서술되었다. 이것은 은혜언약이 구약과 신약에서 집행 방식이 외형적으로 다르지만 내용은 같다는 것을 분명히 하는 것이다. 여기서 율법은 은혜언약 안에서 제시되어 있는데, 율법시대와 복음시대 모두에게 적용되는 것이다. 또한 웨스트민스터 신앙고백서 8장 4항에서도 그리스도께서 율법 아래 나셨으며, 율법을 이루신 것을 말하고 있다. 그리고 웨스트민스터 신앙고백서 19장 1항에서부터 7항까지는 율법에 대한 설명인데, 특별히 2항은 율법이 아담이 타락한 후에도 계속해서 의의 규칙으로 남아있으며, 하나님은 이를 시내 산에서 십계명의 형태로 두 돌판에 새겨 전달하신 것으로 언급하였다. 이러한 설명은 웨스트민스터 총회 당시 유행하였던 도덕률폐기론주의를 논박하기 위한 것이다. 웨스트민스터 총회에 참석하였던 신학자들은 은혜시대에 더 이상 율법이 필요 없다고 말하는 도덕률폐기론주의에 대하여 율법이 은혜언약이라는 것을 설명할 필요가 있었다.

7.6. 그리스도의 실체(골2:17)가 나타난 복음의 시내에서 이 언약에서의 베풀어지는 규례들은 말씀 선포와, 세례와, 주의 성찬이다(마28:19, 20; 고전11:23-25). 이 규례들은 비록 숫자에서 적으며, 보다 단순하게 시행되고, 외적으로 덜 영광스럽지만, 모든 민족들(마28:19; 엡2:15-19), 곧 유대인들과 이방인들에게 더욱 충분하고, 확실하며, 영적인 효과를 미치고 있다(히12:22-27; 렘31:33, 34). 이를 "신약"이라고 부른다(눅22:20). 따라서 실체가 다른 두 개의 은혜언약이 있는 것이 아니라 다양한 세대 아래에서 하나의 동일한 언약이 있을 뿐이다(갈3:14, 16; 행15:11; 롬3:21-23, 30; 시32:1; 롬4:3, 6, 16, 17, 23, 24; 히13:8).

6항에서 복음의 시대에 그리스도가 실제적으로 오셨으며, 세례와 성찬이 언약을 집행하는 의식이 되었다고 하였다. 이것은 외적으로 단순하고 구약의 것보다 덜 영광스러워 보이지만 유대인과 이방인을 포함한 모든 민족에게 미치는 영적 효력은 더욱 충만하고 명백한 것이라고 말한다. 6항에서 복음의 시대에 은혜언약과 세례와 성찬을 연결한 것은 퍼킨스의 '황금 사슬(Golden Chaine)'에서와 같은 패턴이다. 퍼킨스는 은혜언약과 성례의 관계에 대해서 말하였다. 성례는 은혜언약의 본질인 예수 그리스도를 이해하게 만드는 것이라고 하였다. 은혜언약이 복음시대에 유대인과 이방인을 포함한 모든 민족에게 미치는 것과 영적 효력이 더욱 충만하고 명백하다는 것을 언급함으로 구약에서보다 더욱 월등하게 효력을 미치는 것을 말하였다. 물론 이것은 성령이 더욱 풍성하게 역사하시는 것을 의미하기도 한다. 따라서 이 항목으로부터 오늘날의 세대주의가 오류라는 것을 확인할 수 있다. 세대주의자들은 세대마다 은혜의 방법이 다르다고 주장한다.

제8장 중보자 그리스도

8.1. 하나님은 자신의 영원한 목적 안에 자신의 독생자이신 주 예수를 하나님과 사람 사이의 중보자로 택정하셨고(사42:1; 벧전1:19, 20; 요3:16; 딤전2:5), 선지자(행3:22), 제사장(히5:5, 6), 왕(시2:6; 눅1:33), 자기 교회의 머리요 구주(엡5:23), 만유의 후사(히1:2), 세상의 심판자(행17:31)가 되게 하시기를 기뻐하셨다. 하나님은 영원으로부터 그에게 한 백성을 자신의 씨로 주셨으며(요17:6; 시22:30; 사53:10), 때가 되어 그로 말미암아 그 백성이 구속함과 부르심을 받고 칭의와 성화와 영화를 얻게 하셨다(딤전2:6; 사55:4, 5; 고전1:30).

1항의 앞부분은 하나님 아버지와 아들 사이에서 아들을 중보자로 정하신 구속 언약에 대해서 말하고 있다. 즉, 영원 전에 그리스도는 하나님과 사람 사이의 중보자로 택정되셨다. 그리스도는 아버지의 뜻을 받들어 우리를 위해 구원 사역을 완수하기 위해 이 땅에 오셨다. 구속언약에 대한 서술은 웨스트민스터 총회에 참석하였던, 스코트랜드 신학자인 사무엘 러더포드(Samuel Rutherford, 1600-1661)가 강조하였으며, 데이빗 딕슨(David Dickson, 1583-1662)이 스코트랜드 장로교회를 위해서 웨스트민스터 신앙고백서 부록을 작성하면서 설명하였다. 그는 구속언약은 하나님께서 자신의 영광을 위해서 세상의 시작 전에 특정 숫자의 사람들을 선택하시고, 그들을 이미 정하신 아들 구속주에게 주신 것이라고 설명하였다. 구속언약을 지지하였던 총회에 참가한 그 외의 신학자들로는 토마스 구드윈(Thomas Goodwin, 1600-1680), 오바디야 세드윅(Obadiah Sedwick, 1600-1658), 에드워드 레이(1602-1671), 안토니 버게스(Anthony Burgess) 등을 들 수 있다.

1항에서 그리스도의 직무는 선지자, 제사장, 왕으로 묘사하였다. 선지자로서의 직무는 자신의 백성에게 구원의 지식을 계시해주시며, 제사장의 직무는 선택된 백성을 위해 자신의 몸을 희생으로 드리셨다. 그리고 아버지에게 자신의 백성들을 위해서 계속해서 간구하신다. 왕의 직무로 자신의 백성들을 자신 앞에 굴복시키시며, 다스리시고, 원수들로부터 보호하신다. 그리스도를 교회의 머리, 구주, 만유의 후사, 세상의 심판자로 묘사하였다.

1항에서 하나님께서 택하신 백성을 주셨다는 것은 그리스도의 속죄의 범위를 말하는 것이다. 일반 속죄를 말하고 있는 알미니안주의를 논박하고 있다. 그리고 그의 씨가 되게 하셨다는 것은 구속 언약을 다시 말하고 있는데, 구속 언약과 선택을 부정하는 알미니안주의를 논박하는 것이다. 더욱이 1항에서 구속함, 부르심, 칭의, 성화, 영화를 그리스도의 중보직으로 인한 유익들로 언급하였다. 이것은 성령의 유효한 역사를 강조하는 것인데(10장 참조), 알미니안주의를 논박하기 위한 서술이다. 왜냐하면 알미니안주의는 성령의 유효한 역사를 무시하고, 성령의 역사 없이 인간의 의지로 그리스도를 받아들이는 것을 강조하고 있기 때문이다. 이러한 주장에 반하여 웨스트민스터 신앙고백서는 성령의 유효한 부르심이 있어야 그리스도의 구속이 적용되어서, 칭의, 성화와 영화가 가능하다는 것을 말했던 것이다.

> **8.2.** 삼위 중에 제2위이신 하나님의 아들은 참되시고 영원하신 하나님이시요, 성부와 한 본체이시며, 동등하신 분으로 때가 차매 인간의 본성과(요1:1, 14; 요일5:20; 빌2:6; 갈4:4) 인간의 본성에 속한 모든 본질적인 특성들과 일반적인 연약함들을 취하셨으나, 죄는 없으시다(히2:14, 16, 17; 4:15). 그는 성령의 능력으로, 동정녀 마리아의 몸에 잉태되시고, 그녀의 본질을 취하셨다(눅1:27, 31, 35; 갈4:4). 그래서 두 개의 온전하고, 완전하고, 구별된 본성인 신성과 인성이 전환이나 혼합이나 혼동됨이 없이, 한 인격 안에서 분리할 수 없게 서로 결합되었다(눅1:35; 골2:9; 롬 9:5; 벧전3:18; 딤전3:16). 이 인격은 참 하나님이며, 참 사람이시지만 한 분 그리스도요, 하나님과 사람 사이의 유일한 중보자이시다(롬1:3, 4; 딤전2:5).

2항에서는 그리스도에 대한 오류들에 대해서 적극적 논박을 하고 있다. 2항의 시작 부분에서 성부, 성자, 성령의 종속설을 배제하고 있다. 다음으로 구속사의 시간을 언급하면서 아들이 성육신한 사건을 말하고 있는데, 이는 그리스도가 동정녀의 몸에서 태어나기 전에는 존재한 적이 없다고 하는 소시니안주의자들을 논박하고, 성육신 이전에는 천사와 같은 영의 상태로 존재하였다고 주장하는 아리우스주의자들을 논박하는 것이다. 또한 그리스도께서 인성을 취하시어 신성과 결합되었으되 서로 다른 두 개의 본성이 한 인격 안에서 불가분의 관계를 맺게 되었다는 것으로 서술되었다. 이 언급은 그리스도 안에 두 개의 인격이 존재하며, 하나는 신성, 곧 영원하신 말씀이고, 다른 하나는 인성에 해당되는 인간예수라고 주장하는 네스토리우스주의(Nestorianism)를 논박하고, 그리스도 안에 오직 하나의 본성만 존재한다고 하면서 인성이 신성에 의해 흡수되었다고 주장하는 유티키안파(Eutychianism)가 오류라는 것을 드러낸다. 그리고 2항의 마지막 부분에서 그리스도를 유일한 중보자라고 언급함으로 성인들과 천사들이 그리스도와 함께 중보사역을 한다고 주장하는 로마가톨릭의 가르침을 반대하고 있다.

그리스도의 신성에 대한 오류는 고대 교회와 종교개혁 당시와 청교도 시대로 국한되는 것이 아니다. 그리스도의 신성에 대한 오류는 18, 19세기까지 계속되었으며, 20세기의 자유주의 신학도 그리스도의 신성에 대한 오류이다. 그리스도의 신성에 대한 오류들의 특징은 그리스도의 속죄를 반대하는 것이기 때문에, 자연스럽게 도덕적 행위 종교가 된다. 이러한 오류들은 이성주의이기 때문에 성경의 계시를 이성적으로 판단하여, 인간에게 편리한 것만 취하는 경향이 강하다. 따라서 인본주의가 될 수밖에 없다. 그러나 성경은 성령의 감동으로 기록된 것이기 때문에 자연적 이성을 가지고 이해하거나 판단할 수 있는 것이 아니다. 특별히 속죄에 대한 문제는 자연적 이성을 가지고 깨달을 수 없기 때문에, 이성주의자들은 그리스도의 신성과 속죄에 대해서 영적으로 깨닫지 못하여서, 결국 오류에 빠지고 마는 것이다.

> **8.3.** 신성과 결합된 인성을 지니고 있는 주 예수는 성령으로 거룩하게 되시고 한량없이 기름 부음을 받았으며(시45:7; 요3:34), 그분 안에 지혜와 지식의 모든 보화가 있고(골2:3), 성부는 모든 충만으로 그 안에 거하게 하시기를 기뻐하셨다(골1:19). 이는 그가 거룩하고, 악이 없고, 더러움이 없고, 은혜와 진리로 충만하여(히7:26; 요1:14), 중보자와 보증인의 직무를(행10:38; 히12:24; 7:22) 수행하는 것에 완전히 구비되게 하였다. 그는 자신의 직무를 스스로 취한 것이 아니라 성부에 의해 이 직무로 부름을 받았다(히5:4, 5). 성부는 모든 권세와 심판을 그의 손에 맡기시고, 그것을 수행하라고 명령하셨다(요5:22, 27; 마28:18; 행2:36).

3항의 전반부에서는 그리스도와 성령과의 관계를 말하고 있다. 그리스도의 독특성은 성령과 함께 하시는 것에 있다(요3:34). 후반부에서는 그리스도와 성부와의 관계를 설명하였다. 그리스도의 중보자의 직무를 아버지께서 맡기신 것이라고 언급함으로 1항 서두에서 설명한 구속 언약을 다시 강조하고 있다. 3항의 후반부는 아버지가 그리스도에게 모든 권세와 심판을 그의 손에 맡기신 것에 대해서 말하고 있다. 이는 우리를 죄에서 건져내시고 구속하기 위한 것이며, 우리로 의와 거룩함으로 하나님의 형상에 참여하게 하는 것인데, 이것이 없는 구원은 거짓이다. 도덕률폐기론주의자들은 성화가 없어도 구원받을 수 있다고 주장하는데, 청교도 시대의 대표적인 오류이다.

8.4. 이 직무를 주 예수께서는 아주 기꺼이 맡으셨으며(시40:7, 8; 히10:5-10; 요10:18; 빌2:8), 이 직무를 수행하기 위하여 율법 아래 나셨고(갈4:4), 율법을 온전히 성취하셨으며(마3:15; 5:17), 그는 자신의 영혼으로는 가장 극심한 고통을 견디어 내셨으며(마26:37, 38; 눅22:44; 마27:46), 자신의 몸으로는 가장 아픈 고통을 견디어 내셨고(마26, 27장), 십자가에 못 박혀 죽으시고(빌2:8), 장사되어 사망의 권세 아래 있었으나 그의 몸은 결코 썩지 않으셨으며(행2:23, 24, 27; 행13:37; 롬6:9) 죽은 지 3일 만에(고전15:3-5) 고통받으셨던 그 몸으로 다시 살아나시어(요20:25, 27) 또한 하늘에 오르셨으며, 거기서 그의 아버지의 우편에 앉으셔서(막16:19) 간구하시고(롬8:34; 히9:24; 7:25) 세상 끝 날에 사람들과 천사들을 심판하기 위하여 다시 오실 것이다(롬14:9, 10; 행1:11; 10:42; 마13:40-42; 유6; 벧후2:4).

8.5. 주 예수는 완전하게 순종하시고, 영원하신 성령을 통하여 하나님께 단번에 자신을 제물로 드림으로써, 그의 아버지의 공의를 충분하게 만족시켰으며(롬5:19; 히9:14, 16; 10:14 엡5:2; 롬3:25, 26), 성부가 그에게 주신 모든 자들을 위하여 하나님과의 화목뿐만 아니라 하나님 나라에서의 영원한 기업을 값 주고 사셨다(단9:24, 26; 골1:19, 20; 엡1:11, 14; 요17:2; 히9:12, 15).

4항에서 예수 그리스도께서 중재직을 기꺼이 맡으셨다고 서술함으로 이것이 아버지의 뜻임을 강조하였다. 앞에서 언급하였던 구속언약의 내용이 다시 반복되었다. 4항에서는 그리스도의 구속의 사역을 구체적으로 서술하였고, 5항은 구속 사역의 효과를 설명하였다. 이렇게 그리스도의 구속 사역은 하나님의 공의를 만족시킨 것이며, 그리스도의 공로가 그의 백성에게 전가되는 것이다.

4항과 5항의 설명 속에서 청교도 시대로부터 오늘날까지 그리스도의 구속의 사역과 그 효력에 대해 믿지 않는 오류들이 있다. 우선 4항에서는 소시니안주의를 논박하고 있는 서술이다. 소시니안주의자들은 그리스도의 고난이 그의 백성의 형벌을 지신 것이라는 것을 부정한다. 그리고 5항에서 '성부가 그에게 주신 모든 자들을 위하여'라고 서술함으로써 제한 속죄를 믿지 않는 알미니안주의가 오류라는 것을 밝혔다. 또한 소시니안수의를 논박하는 것이다.

웨슬리의 가르침은 4항과 5항의 내용과 충돌된다. 그는 칭의를 설명할 때, 죄의 용서만 말하고, 의의 전가를 포함시키지 않았다. 왜냐하면 의롭게 되었다면, 성화를 배제할 것으로 생각하였기 때문이다. 그래서 칭의 이후에 자신의 행위가 있어야 최종적으로 의롭게 될 수 있다고 말하였다. 이렇게 웨슬리는 의의 전가 교리를 믿지 않았고, 자신의 행위가 있어야 의롭게 된다고 말하였던 것이다. 21세기에도 이 항목들을 반대하는 신학이 있다. 니컬라스 라이트(N. T. Wright)의 바울의 새 관점(New Perspective on Paul)이다. 라이트는 믿는 바의 내용을 수용함으로써 교회의 회원이 되는 구원을 받고, 그 다음에 교회에서 율법을 지켜야 마지막에 최종적으로 의롭다 함을 받을 수 있다고 주장한다.[90] 웨슬리의 신학과 똑같은 구조이다. 물론 본인 자신은 칼빈주의라고 주장하고 있는데, 어불성설이다. 두 신학 모두 그리스도의 의의 전가 교리를 부정하는 것이다. 이러한 신학들은 현재 복음주의 진영 안에서 쉽게 발견할 수 있다. 이러한 잘못된 오류가 교회에서 유행하고 있는 이유는 자신들의 행위로 의로워질 수 없다는 영적 체험이 없기 때문이며, 한편으로 자신들의 행위가 하나님의 말씀의 기준에 턱 없이 부족하다는 것을 깨닫지 못하였기 때문이다.

> **8.6.** 구속 사역이 그리스도의 성육신 이전에는 그리스도에 의해 실제적으로 성취되지 않았을지라도 그 사역의 능력과 효력과 유익은 창세로부터 모든 세대의 선택된 자들에게 적용되었는데, 그리스도가 약속들과 모형들과 희생 제사들에 의해 적용되었고, 여자의 후손이 뱀의 머리를 상하게 할 것과 세상의 시작부터 죽임 당하는 어린양으로 강조된 것으로 적용되었다. 그는 어제나 오늘이나 영원토록 동일하신 분이시다(갈4:4, 5; 창3:15; 계13:8; 히13:8).

구약의 신자들도 신약시대의 신자들과 마찬가지로 그리스도의 희생의 공로로 구원을 받았다. 선택된 백성들에게 그리스도의 사역의 유익들이 전달된다. 그리스도의 죽음의 효력은 항상 똑같다. 더욱이 본

---

90 톰 라이트는 자신의 신학의 정당성을 강조하기 위해서 루터의 이신칭의 교리가 잘못되었다고 주장한다.

항에서는 창세기 3장 15절을 은혜언약으로 보았다. 그리고 윌리엄 퍼킨스는 예수님이 성령에 이끌리어 마귀에게 시험받은 것을 이 구절의 성취로 보았다.[91]

> **8.7.** 중보의 사역에서 그리스도는 두 본성에 따라서 행하신다. 각 본성은 본성 자체에 속한 것을 행하신다(히9:14; 벧전3:18). 그러나 그리스도의 인격의 통일성으로 인하여, 본래 한 본성에 속해 있는 것이 성경에서 때로는 다른 본성에 의해 지배되는 인격으로 여겨진다(행 20:28; 요3:13; 요일3:16).

그리스도는 두 가지 본성에 따라 일하시는 중보자라고 서술함으로써, 인성으로만 중보자의 직임을 수행한다고 하는 로마가톨릭교회의 가르침을 논박한다. 그리스도의 중보의 사역은 그리스도 인격 안에서 이루어지는 두 본성의 교류에 의해 결정된다.

> **8.8.** 그리스도께서 값을 치르고 구속하신 모든 사람들에게 그리스도는 확실하고 효과적으로 구속을 적용하시고 전달해 주시며(요 6:37, 39; 10:15, 16), 그들을 위해 중재하시고(요일2:1, 2; 롬8:34), 말씀 안에서 그리고 말씀을 통해서 그들에게 구원의 비밀들을 계시하시고(요 15:13, 15; 엡1:7-9; 요17:6), 그의 성령으로 효과적으로 그들을 설복하여 믿고 순종케 하며, 그의 말씀과 성령으로 그들의 마음을 주관

---

91 William Perkins, *The Combat between Christ and the Devil Displayed* 참조.

> 하시고(요14:6; 히12:2; 고후4:13; 롬8:9, 14; 15:18, 19; 요17:17), 그의 전능하신 능력과 지혜로 그들의 원수들을 물리치시되, 그의 기이하고 측량할 수 없는 경륜에 가장 부합되는 방법으로 하신다(시110:1; 고전15:25, 26; 말4:2, 3; 골2:15).

본 항에서는 그리스도께서 과거 역사 속에서 우리의 구속을 위해 성취하신 것을 오늘날 우리의 삶 가운데 적용하시는 것을 서술하였다. 특별히 '적용'과 '전달'이라는 단어를 사용하였다. 즉, 그리스도께서 구속의 은혜를 적용하시고 전달하시며, 실제로 구원이 일어나게 일하신다. 그리스도는 하나님의 말씀으로 구원의 신비를 우리에게 계시하신다. 그리스도는 성령으로서 우리 안에 역사하신다. 그리스도께서는 성령으로 자신이 하시는 일을 효과적이게 하신다. 그리스도께서는 성령의 능력으로 우리의 마음을 통치하신다.

본 항의 서술은 알미니안주의가 오류라는 것을 분명히 한다. 알미니안주의자들은 그리스도께서 죽으시고, 구원의 가능성만을 모든 사람에게 제공한다고 주장하며, 성령의 유효한 역사를 부정한다. 그래서 본 항에서 구속한 모든 사람들에게 그리스도가 확실하고 유효하게 구속을 적용하시고 전달하신다고 했으며, 그리스도의 선지자 직무인 구원의 비밀을 계시하시고, 말씀과 성령으로 그들의 심령을 주관 혹은 새로운 피조물로 만드시는 것을 강조하였다. 이러한 웨스트민스터 신앙고백서의 시술과 오늘날 현대 복음주의교회를 비교하여 보면, 현

대 복음주의자들은 알미니안주의에 더욱 기울어져 있으며, 한결같이 보편구원론을 주장하고 있다.[92]

---

[92] 대표적인 저술로서, The Grace of God, the Will of Man: A Case for Arminianism(Grand Rapids: Zondervan, 1989)를 들 수 있다. 이 책은 현대 알미니안주의자들인 Clark Pinnock, Howard Marshall, Grant Osborne등이 기고하였다.

구원론

제9장 자유의지

> **9.1.** 하나님은 사람에게 선천적 자유를 가진 의지를 부여하셨다. 이 의지는 강요받지 않으며, 선이나 혹은 악을 결정하는 성질의 절대적 필요성에 의해 강요되지 않는다(마17:12; 약1:14; 신30:19).

웨스트민스터 신앙고백서 8장에서 그리스도의 사역은 분명하고 효과적으로 신자에게 적용된다고 언급하였다. 그러면 '그리스도의 사역과 의지의 자유와 어떤 관계를 갖는가?'라는 질문을 갖게 되는데, 웨스트민스터 신앙고백서 9장은 이것에 대해서 대답하고 있다. 1항은 하나님께서 자연적으로 자유로운 의지를 사람에게 주셨으며, 자유의지의 본질은 외부적인 강요나 억압이 아니라 이성적 이해와 자연적 성향이 이끄는 내적 원리에 따라 의식적으로 행동하고, 선택하고, 거절한다는 것을 말하였다. 따라서 1항은 우리의 행동에 대해서 우리에게 책임이 있다는 것을 분명히 한다. 자유의지는 창조되었을 때의 상태,

타락하여 죄와 사탄의 종이 된 상태, 그리고 성령의 역사로 갱신된 상태와 영광의 상태로 분류할 수 있다. 이것을 2항-5항에서 다루고 있다. 이러한 분류는 웨스트민스터 신앙고백서 이후에 스코트랜드 신학자인 토마스 보스톤(Thomas Boston, 1676-1732)에 의해서 더욱 확고하게 되었다.[93]

> **9.2.** 사람은 무죄한 상태에서 하나님이 선하게 여기시며 기뻐하시는 것을 원하며 행할 수 있는 자유와 능력과 의지를 가지고 있었다(전 7:29; 창1:26), 그러나 가변적이어서 사람은 그 상태에서 타락할 가능성이 있었다(창2:16, 17; 3:6).

2항에서는 무죄 상태에서의 사람의 자유의지에 대해 설명하였다. 아담은 거룩과 의로움과 지혜를 부여받았기 때문에 거룩한 감정과 도덕적 성향을 가지고 있었으며, 자유로운 행위자였다. 즉, 자기가 원하는 대로 의지의 결정을 할 수 있었다. 아담의 의지는 기꺼이 그리고 즐겁게 하나님의 계명에 순종할 수 있었다. 하나님은 사람을 정직하게 만드셨다(전7:20). 그러나 사람의 자유의지는 유혹의 힘에 의해 변할 수 있는 가능성을 가지고 있었는데, 악을 선택할 수 있는 자유가 있었기 때문이다.

---

93 토마스 보스톤, 인간 본성의 4중 상태(서울: 부흥과 개혁사, 2015) 참조.

> **9.3.** 사람은 타락하여 죄의 상태에 있으므로 구원을 줄 수 있는 어떤 영적 선을 택할 수 있는 의지의 모든 능력을 완전히 상실했다(롬5:6; 8:7; 요15:5). 따라서 (거듭나지 않은) 자연인은 영적 선을 전적으로 싫어하고(롬3:10, 12), 죄로 죽어 있어서(엡2:1, 5; 골2:13), 자신의 힘을 가지고 자신을 회심시킬 수 없으며 혹은 회심을 위해 자신을 준비시킬 수 없다(요6:44, 65; 엡2:2-5; 고전2:14; 딛3:3-5).

3항에서는 아담이 타락한 이후 사람의 자유의지 상태를 말한다. 타락 이후 자유의지는 선에 대해 무능하게 되었으며, 영적으로 선한 것을 바라거나 행할 능력이 없다. 3항에서 죄의 종 상태의 자유의지는 영적 선을 싫어하고, 죄로 죽어 있으며, 스스로를 회심시킬 수 없다는 것들은 언급했는데, 이는 자유의지에 대한 오류들에 대해 논박하기 위해서이다.

펠라기우스주의자들은 인간은 죄를 뉘우치고 행동을 교정할 수 있는 능력을 지니고 있다고 주장한다. 인간은 타고난 기능과 능력을 활용하여 지극히 경건하고 덕스러운 상태에 이를 수 있다고 한다. 이는 인간을 극대화하며 스스로의 행위로 구원을 얻을 수 있으며 도덕적 선을 이룰 수 있다고 말한다. 소시니안주의자들은 자연적인 상태의 사람이 하나님의 은혜 없이 자신의 의지의 힘으로 하나님에게로 돌아갈 수 있다고 주장한다. 또한 세미 펠라기우스주의, 로마가톨릭주의, 루터주의는 원죄로 인하여 의지가 부패되었지만 하나님의 은혜의 도움을 받아 자신의 능력으로 하나님에게로 돌아갈 수 있다고 주장한다.

더욱이 알미니안주의자들은 자유의지가 스스로 결정하는 능력을 가지고 있다고 말하면서 자기의 판단이나 성향과는 관계없이 선택하는 능력이 있다고 주장한다. 그래서 알미니안주의자들은 사람의 자유의지를 가지고 회개할 수 있다고 주장한다. 이러한 주장을 하는 가르침들은 오류들에 해당된다. 이러한 오류들의 공통적 특징은 성령의 의지에 대한 갱신의 사역을 부정하는 것이다. 그래서 신앙고백서는 '자신을 스스로 회심시킬 수 없으며' '회심에 자신을 준비시킬 수 없다'라고 분명히 말하고 있다. 따라서 청교도들은 오직 성령의 중생의 사역에서, 자유의지를 갱신하여서 영적인 선을 선택할 수 있게 만드시는 것을 강조하였다.

> **9.4.** 하나님께서 죄인을 회심시키시고, 은혜의 상태로 옮기실 때, 죄 아래에서 태생적으로 종된 상태에서 자유롭게 하시며(골1:13; 요8:34, 36) 그리고 오직 하나님의 은혜로써 그로 자유롭게 영적으로 선한 것을 기꺼이 바라고 행할 수 있게 하신다(빌2:13; 롬6:18, 22). 그러나 그에게 남아 있는 부패성 때문에 선한 것을 완전하게 바라지 못하며, 악한 것을 바란다(갈5:17; 롬7:15, 18, 19, 21, 23).

4항은 회심의 과정에서 성령의 역사로 인한 자유의지의 갱신에 대해 설명하는 것이다. 즉, 그리스도께서 어두움의 권세 잡은 자의 손과 죄에 종이 된 우리의 자연적 상태에서 건져내시고 아들의 나라로 옮기실 때, 오직 은혜로 우리의 성품과 성향을 바꾸시되 자유의지를 갱신시키셔서 죄악에서부터 떠나가게 하시고, 영적으로 선한 것을 택하게 하신다. 여기서 강조되는 것은 성령의 역사로 의지의 갱신이 일어나야만 영적으로 선한 것을 자유롭게 선택하며, 행할 수 있다는 것이다.

물론 이것을 우리는 새로운 피조물이 되었다고 하는데, 새로운 성향과 능력을 갖게 되어서 그것에 따라 우리가 행동하며, 영적으로 선한 것을 자유롭게 행할 수 있게 된다. 따라서 자신이 새로운 피조물이 되었다고 말하면서, 과거의 죄된 습성에 매여 있다면 그는 자신을 속이는 것이 된다. 왜냐하면 성령의 역사로 갱신된 의지는 죄에 대해서 미워하고 싸우는 성향을 가지고 있기 때문이다. 그러나 자유의지가 갱신되었다 하더라도 완전히 죄를 짓지 않는 것은 아니다. 중생으로 인하여 의지가 갱신되었다 할지라도 그 심령에 죄성과 부패성이 남아서 악한 것을 선택하기도 한다. 따라서 의지의 갱신이 일어난 자들은 중생으로 인하여 심어진 은혜로운 성향이 점점 확대되고, 성장하도록 은혜의 수단 아래에 있어야 한다.

4항으로부터 청교도 당시와 오늘날 이 시대의 오류들을 알 수 있다. 우선 재세례파주의자들은 회심 후 모든 죄로부터 자유롭다고 주장한다. 또한 도덕률폐기론주의자들은 회심 이후 신자에 대한 율법의 기능을 부정하고, 성화의 필요성을 무시하기 때문에, 죄에 대한 심각성이 없다. 웨슬리의 완전주의에서는 회심 이후 죄와 싸우는 것이 아니라 제2의 완전성화의 체험을 통해서 죄로부터 완전히 자유로울 수 있다고 강조한다. 이러한 오류들은 성령의 역사로 갱신된 의지를 가졌을지라도, 신자들의 심령 속에 죄성이 남아 있으며, 세상과 마귀의 유혹 가운데 있기 때문에 선한 것을 완전하게 바라지 못하고 악한 것을 바라는 것을 무시하거나 외면하는 것이다.

> **9.5.** 사람의 의지는 오직 영광의 상태에서 완전하고 변함없이 자유롭게 선한 것만을 행할 수 있다(엡4:13; 히12:23; 요일3:2; 유24).

5항은 영광의 상태에서의 자유의지를 설명한다. 영광의 상태에서의 자유의지는 완전하게 선을 행할 수 있다. 5항은 4항에서 언급된 이 땅에서의 신자의 자유의지 상태를 다시 한번 더 되돌아보게 한다. 하나님께서 은혜로 신자의 의지를 변화시키셔서 신자로 선한 것에 대해 갈망을 가지고 행하게 하신다. 그러나 이 땅에서 이 변화는 완전한 것이 아니나. 어전히 우리는 잘못된 것을 신댁한다. 신자는 이 땅에서 사는 동안 의지가 완전하게 영적인 선만을 택할 수 없다. 그 이유는 심령에 부패성이 남아 있으며, 세상에서 살고 있고, 마귀가 유혹하기 때문이다. 따라서 5항은 신자로 이 땅에서 겸손하여 주님만 의지할 것을 촉구하는 것이다. 한편으로 5항의 서술은 이 땅에서 제2의 체험을 통해서 죄와 완전히 결별하며, 온전한 성결에 이를 수 있다고 주장하는 완전주의와 성결운동이 잘못되었음을 말하고 있다.

제10장 유효한 부르심

10.1. 하나님은 생명에 이르도록 예정하신 모든 사람들을, 오직 그들만을 자신이 정하시고 적당한 때에 자신의 말씀과 성령으로(살후2:13, 14; 고후3:3, 6), 효과적으로 부르시기를(롬8:30; 11:7; 엡1:10, 11) 기뻐하셨다. 하나님은 그들을 본성상 죄와 죽음의 상태에서 예수 그리스도로 말미암은 은혜와 구원으로 부르신다(롬8:2; 엡2:1-5; 딤후1:9, 10). 이 부르심에서 하나님은 그들의 마음을 영적으로, 구원적(savingly)으로 깨우쳐서 그들로 하나님의 일들을 이해하게 하시며(행26:18; 고전2:10, 12; 엡1:17, 18), 그들의 돌같이 굳은 마음을 제하시고 그들에게 살같은 마음을 주시며(겔36:26), 그들의 의지들을 새롭게 하시고, 그의 전능하신 능력으로 그들로 선한 것으로 돌아서게 하시며(겔11:19; 빌2:13; 신30:6; 겔36:27), 효과적으로 그들을 예수 그리스도에게로 이끄신다(엡1:19; 요6:44, 45). 그러나 하나님께서 이같이 행하시는 방법에서 그들은 가장 자유롭게 나오며, 하나님의 은혜로 기꺼이 나온다(아1:4; 시110:3; 요6:37; 롬 6:16-18).

성령의 유효한 부르심을 설명함에 있어 제일 먼저 예정을 언급하였다. 하나님의 선택은 유효한 부르심의 효과가 나타나야만 알 수 있다는 것을 서술하기 위한 것이다. 그리고 1항은 유효한 부르심 가운데 일어나는 효과들을 구체적으로 설명하였다. 청교도들이나 웨스트민스터 총회원들이 유효한 부르심이라는 용어를 사용하는 것은 복음의 부르심이 보편적인 것으로 모든 사람에게 주어지지만 그 가운데 실제로 구원의 은혜가 적용되는 것을 설명하기 위한 것이다. 또한 복음의 부르심이 외적으로 주어지지만 그 자체로 효력이 있는 것이 아니라 성령의 내면적이며, 효과적인 부르심이 있어야 중생이 일어나며, 회심하게 되는 것을 말하기 위한 것이다. 더욱이 유효한 부르심이 하나님께서 구원의 정하신 수단 가운데 일어나는 것이기 때문에, 반드시 은혜의 수단이 사용되어야 함을 강조하는 것이다. 이 설명은 하나님께서 선택하신 백성은 하나님께서 구원하실 것이기 때문에 '은혜의 수단의 사용이 필요 없다'라는 말을 할 수 없게 한다.

유효한 부르심의 수단은 말씀과 성령이다. 하나님께서 말씀과 성령을 사용하셔서 우리를 하나님 자신에게로 부르시는 것이다. 하나님의 유효한 부르심은 항상 효과적인데, 성령으로 하시기 때문이다. 그래서 교회는 열심히 복음을 전해야 한다. 더욱이 진리의 지식이 없는 곳에서 성령은 행하시지 않는다. 성경의 가르침이 없이 구원이 있을 수 없다. 성령께서 말씀을 사용하시는 것이다. 하나님께서 성령으로 하나님의 말씀을 우리의 심령에 기록하시는 것이다. 청교도들의 유효한 부르심에 대한 설명은 하나님께서 죄로 죽은 자를 실제로 구하는 것이다. 이는 단지 구원에 대한 이론이 아니며, 단지 교리에 대한 지식으로 있는 상태를 의미하는 것이 아니다. 성령의 유효한 역사는 거룩한 부르심이라고 부르기도 하는데, 죄와 죽음으로부터 건져내서 은혜와 구원의 상태에 있게 하는 것이다. 이것은 성령께서 실제로 구원하는 방식이며, 구원의 은혜가 적용되는 자에게는 실제적인 영적 체험이다.

따라서 1항에서는 성령의 유효한 역사와 그 과정에서 일어나는 영적 체험과 관련하여 서술하였다. 즉, 성령의 유효한 역사를 성령의 일하시는 원리에 따라서 순서적으로 서술하였는데, 영적 이해력이 일어나게 하여 구원에 대해서 깨달음이 있고, 편견과 불신앙을 제거하시고, 의지를 갱신하여 그리스도에게로 나아가도록 하신다. 이것은 성령께서 영적이며 거룩한 원리와 성향을 심령에 심는 것으로서 영혼은 영적인 것을 추구할 수 있으며, 성령의 역사로 인한 의지의 갱신은 그리스도에게로 자유롭게 나아가도록 만든다. 그래서 영혼으로 그리스도를 찾아갈 수 있게 된다. 비록 1항에서 이렇게 유효한 부르심이 있는 자들에게만 교회의 회원권을 부여한다는 내용은 없지만, 청교도들은 회심을 분명하게 체험한 자들만 교회의 회원(세례교인)으로 받아들였으며, 이렇게 하여서 교회의 경건의 능력을 확보하고자 하였다.

웨스트민스터 신앙고백서에서는 중생이라는 용어를 사용하지 않고, 성령의 유효한 부르심이란 용어를 사용하는 것은 성령의 역사에 있어서 인지될 수 있는 영적 현상에 대해서 설명하기 위함 이다. 중생이라는 용어 아래에서는 성령의 신비적인 사역 모두를 알 수 없고 또한 설명할 수 없기 때문이다. 또한 청교도들이 가장 많이 사용하는 단어인 '회심'이란 단어 대신에 유효한 부르심으로 설명했던 이유도 성령의 주권 사역을 더욱 강조하기 위한 것이다.

웨스트민스터 총회원들은 유효한 부르심과 구원론에 해당되는 부분에 더욱 많은 주의를 기울였다. 그 당시 오류 가운데 오류인 알미니안주의 때문이다. 알미니안주의자들은 이성에 초자연적인 성령의 깨닫게 하는 역사가 필요 없다고 주장하였으며, 더욱이 성령의 역사가 없어도 모든 사람이 복음의 초청에 응답할 수 있다고 강조하였다. 결국 알미니안주의 방식으로 구원을 이해하고 있다면, 본인은 구원이 없는데도 구원을 받았다고 착각할 수 있다. 이것을 청교도들은 '자기 스스로의 거짓 확신(self wrong assurance)'이라고 불렀다. 따라서 알미니안주의는 매우 위험한 신학이다.

한편으로 알미니안주의의 반대 극단인 하이퍼 칼빈주의(Hyper-calvinism)에서는 하나님의 예정이 있다면 유효한 부르심 이전에 이미 구원받았다고 주장한다. 하나님이 예정한 백성은 하나님께서 구원하시기 때문에 사람들이 전도하지 않아도 된다고 말하는데, 이는 명백한 오류로서 교회를 영적 게으름에 빠지게 한다. 하이퍼 칼빈주의자들은 은혜의 수단의 사용을 무시하는데, 하나님께서 택하신 백성을 구원하실 때, 그 구원의 방식을 정해 놓으신 것을 모르는 것이다. 현대 장로교회에서 어렵지 않게 확인할 수 있는 가르침이다.

1항의 유효한 부르심을 설명할 때, 성령의 역사를 중심으로 구체적 영적 변화에 초점을 두었다. 청교도들의 이러한 강조는 목회적이며, 전도적인 목적이 있다. 회중을 돌보고, 한 영혼이 그리스도에게로 돌아오기까지 영적 상태를 살피기 위한 목적이 있다. 이것은 윌리엄 퍼킨스의 '황금 사슬' 이후로 청교도의 신학적 특징이다. 그러나 개혁신학의 진영에서 이러한 성령의 역사를 반대하는 그룹들이 역사 속에서 계속 일어났다. 18세기의 미국 장로교회의 구파(Old Side, 1741-1758)가 성령의 유효한 부르심을 반대하였다. 결국 이러한 신학으로 인하여 미국 장로교회의 구파는 교회의 영적 역동성을 잃어버리고, 쇠락하여 1758년에 미국 장로교회의 신파(New Side)에 흡수 통합되고 말았다. 20세기에 이르러서는 화란 개혁신학의 진영에서 본 항에서 서술된 구체적 언급을 포기하고, 지적인 요소, 정적인 요소, 의지적 요소로 보고, 모호하게 만들어 버렸다.[94]

20세기로부터 시작된 현대 복음주의자들은 처음부터 개혁신학을 거부하였기 때문에, 유효한 부르심에 대한 것을 받아들이지 않았다. 사람의 자유의지의 능력을 믿었기 때문에, 사람의 자발적 의지를 가지고 그리스도를 받아들이는 것을 가르치고, 그들의 전도와 선교에 적용하였다. 현대 복음주의 교회 내에서 진정으로 회심한 자들을 쉽

---

94 Louis Berkhof, Systematic Theology 참조. 루이스 벌코프의 이러한 설명은 아브라함 카이퍼(Abraham Kuyper)의 'Holy Spirit'을 따른 것으로 보이는데, 벌코프는 성령의 부르심을 생명의 씨가 심겨져서 정서와 감정이 부드러워졌으며, 의지가 굴복된 것으로 말하였다. 화란 개혁신학의 이러한 신학적 성향은 전도와 선교에 있어서 성령의 역동성을 상실하게 만들었다.

게 찾아볼 수 없는 이유가 여기에 있다.

20세기의 개혁 신학 내에서 성령의 유효한 부르심에 대해서 부정적인 입장을 취하는 그룹이 형성되었는데, 아브라함 카이퍼(Abraham Kuyper)의 신학을 추구하는 신칼빈주의(Neo Calvinism)이다. 신칼빈주의는 자연(nature)와 은혜(grace)의 구분이 명확하지 않다. 따라서 카이퍼의 신학을 추구하는 쉴더(Schilder)와 호크세마(Hoeksema)와 같은 신학자들은 회심에 있어서 성령의 죄의 질책(conviction of sin)의 필요성을 부정하고 그리스도인의 삶에 있어서 교리적 지식(doctrinal knowledge)로 충분하다고 말한다. 이들의 신학을 하이퍼 언약주의(Hyper Covenantism)이라고도 하는데, 성령의 유효한 역사에서 서술하고 있는 영적 체험들에 대해 혐오감을 갖고 있다. 신칼빈주의는 개혁신학이라고 표방하지만 정작 칼빈을 비롯해서 청교도들이 강조하였던 성령의 구원사역에 대해서는 외면하고 있다.

10.2. 이 유효한 부르심은 하나님의 값없이 주시는 특별한 은혜일 뿐, 사람 안에 있는 예견된 어떤 것으로부터 오는 것이 아니다(딤후1:9; 딛3:4,5; 엡2:4, 5, 8, 9; 롬9:11). 사람은 성령에 의해 각성되고, 갱신되기 전까지는 전적으로 수동적이며, 성령의 역사로 깨어나고 갱신되어야 부르심에 응답할 수 있으며(고전2:14; 롬8:7; 엡2:5), 부르심 안에 제공되고 전달된 은혜를 받아들일 수 있다(요6:37; 겔36:27; 요5:25).

2항에서는 유효한 부르심이 있기 전의 영적 상태와 부르심으로 인한 영적 효과에 대해서 대조하여 기술하고 있다. 유효한 부르심을 성령에 의한 영적 각성과 갱신이라고 설명하였다. 하나님께서 우리로 그리스도를 의지하도록 하는 것이다. 이것이 하나님이 우리를 구원하시는 것이다. 왜냐하면 유효한 부르심이 우리로 죄인인 것을 깨닫게 해서 구원이 그리스도에 있다는 것을 알게 하여 그리스도를 찾아가게 하는 것이기 때문이다. 성령으로 소생한다는 것은 성령의 능력을 통해서 우리로 구원을 향해 나아가게 만드는 것이다. 따라서 성령으로 갱신되기 이전에는 무능의 상태로서 스스로 자신을 도울 수가 없다. 이렇게 유효한 부르심에 있어서 주체는 성령이시며, 성령께서 말씀을 도구로 사용하셔서 하나님의 선택하신 백성들에게 저항할 수 없도록 역사하시는 것이다. 이러한 부르심은 체험적인 것이다.

2항에서 성령의 갱신 전과 후를 분명히 구별함으로서, 중생과 회심을 구분하였다. 중생은 수동적이지만, 회심은 능동적이다. 성령에 의해 갱신되기 전까지는 전적으로 수동적이라고 언급한 것과 성령의 역사로 갱신된 상태에서는 부르심에 응답할 수 있다고 서술한 것은 교황주의자들과 알미니안주의자들을 논박하기 위한 것이다. 교황주의자들과 알미니안주의자들은 중생 없이 자연적인 힘과 의지로 선행을 할 수 있다고 주장한다. 이런 선행은 하나님의 은혜를 받기 위한 준비라고 주장한다. 따라서 인간이 전적으로 수동적이지 않고, 능동적이라고 주장한다. 결국 사람과 하나님이 서로 협력하여 구원을 이룬다고 하는 신인협력설(Synergism)을 지지한다. 그러나 2항에서는 하나님의 은혜로서만 된다고 서술하여서 신적독력설(Monergism)을 말하고 있다. 더욱이 알미니안주의자들은 사람들이 믿음이 있을 것을 미리 아시고 선택하였다는 주장을 하고, 성령의 유효한 부르심이 없이도, 자연적 능력과 인간의 의지의 결단으로 그리스도를 믿을 수 있다고 주장하였기 때문에 2항에서 성령의 갱신의 역사가 있어야 능동적일 수 있으며, 성령의 갱신의 역사가 있기 전에는 사람의 의지를 가지고 은혜를 받아들일 수 없다는 것을 분명히 하였다.

2항은 현대 복음주의 교회에서 사용하고 있는 전도 책자와 전도 집회에서 사람들의 결단을 끌어내는 방법들이 오류라는 것을 드러낸다. 그러한 기계적인 방법들은 유효한 부르심을 부정하며, 성령의 갱신의 역사 없이도 사람의 의지로 그리스도를 영접할 수 있다는 신학적 전제에서 사람들의 결단을 촉구하고 있다. 사람의 자연적 의지의 능력을 가지고 그리스도를 영접하여 구원받을 수 있다면, 성령의 갱신의 역사는 필요 없다. 이러한 전도의 방법의 위험성은 성령의 갱신의 역사가 없는 사람들에게 의지의 결심과 고백을 듣고, 구원받았다고 선언하는 것이다.

10.3. 유아기에 죽은, 선택받은 유아들은 언제 어디서든지 자신이 기뻐하시는 대로 역사하시는(요3:8) 성령을 통해(눅18:15, 16; 행2:38, 39; 요3:3, 5; 요일5:12; 롬8:9) 그리스도에 의하여 중생하며 구원받는다. 또한 말씀의 사역에 의하여 외적으로 부르심을 받을 능력이 없는 모든 다른 선택을 받은 자도 마찬가지다(요일5:12; 행4:12).

3항에서는 가장 나약한 자의 경우를 서술함으로 유효한 부르심이 하나님의 모든 은혜라는 것을 증거한다. 복음의 외적 수단으로 부를 수 없는 선택된 유아들이나 그밖에 부르심을 받을 능력이 없는 택한 사람들에게는 하나님께서 외적 수단을 사용하지 않으시고, 직접 그들을 중생시키며 거룩하게 창조하신다. 그러나 3항은 1903년 미국 장로교회가 '선택 받은 유아들'이라는 문구를 '모든 유아'로 개정하였다. 1903년의 미국 장로교회의 웨스트민스터 신앙고백서의 개정은 개혁신학을 포기하고 보편주의(Universalism)로 들어서는 공식 선언이었다. 물론 청교도 시대에 재세례파는 유아들은 중생할 수 없다고 말하면서 유아세례를 반대하였다.

> **10.4.** 선택받지 못한 다른 사람들은, 비록 그들이 말씀의 사역에 의해 부르심을 받았으며(마22:14), 성령의 일반적인 사역을 경험하였을지라도(마7:22; 13:20, 21; 히6:4, 5), 그들은 결코 그리스도에게 진실히 나온 것이 아니며, 따라서 구원 받을 수 없다(요6:64-66; 8:24). 더욱이 기독교 신앙을 고백하지 않은 자는 어떤 다른 방식으로도 구원받을 수 없으며, 그들이 본성의 빛과 그들이 고백하는 종교의 법을 따라서 주의 깊게 질서 있는 삶을 살았다 하더라도 구원받지 못한다(행4:12; 요14:6; 엡2:12; 요4:22; 17:3). 그들이 어떤 다른 방식으로 구원받을 수 있다고 주장하는 것은 매우 가증스러우며, 혐오되어야 한다(요이9-11; 고전16:22; 갈1:6-8).

4항은 외적으로 선택받은 백성으로 보일지라도 실제적으로 유효한 부르심이 없는 경우를 설명하였다. 이들은 하나님의 은혜의 수단 아래에서 말씀을 경험하였고, 성령의 은사를 경험하였을지라도 구원의 은혜가 없는 경우이다. 청교도들은 이러한 경우를 유사그리스도인(almost Christian)이라고 불렀으며, 또한 위선자라고 하였다.[95] 4항에서 말한 것과 같이 청교도들은 이러한 영적 상태를 분명히 하기 위해서 성령의 사역을 특별 사역과 일반 사역으로 구분하였다. 성령의 특별 사역은 유효한 부르심을 의미하며, 성령의 일반 사역은 교회에 은사를 부여하시는 것이다. 따라서 교회 안에서 성령의 일반적인 역사로 성령의 은사를 경험하였지만, 성령의 특별 사역인 유효한 부르심이 없는 경우 구원받은 것이 아니다. 실제로 성령의 유효한 역사 없이 교회 생활을 하고, 봉사를 할 수 있다. 이러한 경우 그리스도에게로 참되게 나온 것이 아니며, 구원이 없다.

4항의 후반부는 기독교 외에 사년 종교로 구원받시 못하는 것을 실명하였다. 물론 이들이 도덕적인 행위를 추구할지라도 부패된 심령 가운데서 행한 것이기 때문에 덕이 되지 못한다. 부패한 것에서 부패한 열매만 맺게 된다. 또한 종교적 율법주의로도 구원받을 수 없다. 그것은 자신의 죄와 무능과 부패를 인정하지 않으며, 그리스도의 필요성을 인식하지 못하고 있기 때문이다.

청교도들이 이러한 영적 사례를 구체적으로 서술한 이유는 교회의

---

95 매튜 미드, 유사그리스도인 (서울: 지평서원) 참조.

외적인 사역으로 인하여 교회에 들어올 수 있을지라도 유효한 부르심이 없는 자들에게는 교회 회원권(세례 교인)을 주지 않았으며, 이러한 사역을 통해서 교회의 경건의 능력을 유지하려고 했던 노력을 보여주는 것이다. 청교도들의 교회론의 핵심은 '구원의 은혜가 분명하게 나타나는 성도(visible Saints)'이었으며, 거짓 신앙과 위선자들을 구별하지 못하는 것은 교회에 큰 해를 끼치게 된다고 보았다. 그래서 청교도들은 교회에 거짓 신앙고백자와 위선자들이 많아지지 않도록 주의를 기울였고, 목회자는 참된 구원의 은혜와 거짓 신앙에 대해서 분명히 구별하였으며, 회중이 자기 점검을 할 수 있도록 가르쳤다.

4항에서 웨스트민스터 총회원들이 경계하였던 것들은 현대 복음주의 우산 아래에서 전혀 문제가 되지 않는다. 오순절 신학에서는 성령의 일반 사역인 성령의 은사를 가장 높은 수준에 두어서, 성령의 은사를 가지고 있다면 구원의 은혜는 당연히 있을 뿐만 아니라 영적으로 높은 수준에 있다고 간주한다. 현대 복음주의 교회에서 가장 보편적인 전도 메시지와 방식은 유효한 부르심을 구하는 것이 아니라 그리스도를 믿는다는 의지의 결단을 구하고 있다. 이는 사람의 자유의지의 결단을 믿음으로 보는 알미니안주의에 뿌리를 두고 있기 때문이다. 아무리 그리스도를 믿는다고 결심할지라도 그 내면에 성령의 유효한 부르심이 없다면 구원은 없는 것이다.

21세기의 구원론에 있어 양대 오류는 알미니안주의와 도덕률폐기론주의인데, 이는 16-17세기의 청교도 시대와 18세기의 영적대각성 시대(조나단 에드워즈 시대)에 2대 오류였으며, 19세기에 찰스 피니 이후로부터 대유행하여서 20세기로부터는 복음주의를 표방하고 있는 교회들 안에서 쉽게 발견되는 구원론이다. 이 오류들은 유효한 부르심을 반대하는 공통점을 가지고 있다.

제11장 칭의

11.1. 하나님은 유효하게 부르신 자들을 또한 값없이 의롭게 여기시는데(롬8:30; 3:24) 그들에게 의를 주입함으로써가 아니라 그들의 죄들을 용서해 주심으로서, 그들을 의로운 자로 여기시고 받아주심으로써이며, 그들 안에서 이루어진 어떤 것이나, 또는 그들이 행한 것으로 인해 된 것이 아니며, 오직 그리스도 때문이며, 믿음 자체가 전가되어서 된 것도 아니며, 믿는 행위나 어떤 다른 복음적 순종을 그들의 의로움으로 여겨서 된 것이 아니다. 믿음으로 그리스도를 받아들이며 그리스도와 그리스도의 의에 의존하는 자들에게 그리스도의 순종과 속량을 그들에게 전가함으로써(롬4:5-8; 고후5:19, 21; 롬3:22, 24, 25, 27, 28; 딛3:5, 7; 엡1:7; 렘23:6; 고전1:30, 31; 롬5:17-19) 되는 것이다. 그들이 가지고 있는 믿음은 그들 자신에게서 나온 것이 아니고, 이는 하나님의 선물이다(행10:44; 갈2:16; 빌3:9; 행13:38, 39; 엡2:7, 8).

웨스트민스터 신앙고백서는 10장에서 성령의 유효한 부르심을 다룬 후에 11장에서 칭의, 12장에서 양자됨, 13장에서 양자됨을 다룬다. 이는 3장 6항에서 이미 언급된 것이다. 한편으로 웨스트민스터 소요리문답서에서는 질문 32는 유효한 부르심, 질문 33은 칭의, 질문 34는 양자됨, 질문 35는 성화, 질문 36은 칭의, 양자됨, 성화의 유익들을 다루며, 웨스트민스터 대요리문답서에서는 질문 67은 유효한 부르심, 질문 70은 칭의, 질문 74는 양자됨, 질문 75는 성화를 다룬다. 이는 웨스트민스터 표준문서에 나타난 신학으로서 그리스도와의 연합 교리를 설명하는 것이다.

1항은 유효한 부르심의 효과는 믿음이며, 믿음으로 의롭게 된다고 설명하였다. 칭의의 두 요소로 죄를 용서해주시는 것과 의로운 자로 간주하고 받아주시는 것을 말하였다. 칭의에 있어서의 그 믿음은 도구적 믿음으로서, 그리스도와 그리스도의 의를 의존하는 것이며 이는 하나님의 선물이라고 설명하였다. 여기서 칭의의 전제는 자신이 불의하다는 것을 철저히 인정하고, 자신의 어떤 행위로도 자신을 의롭게 할 수 없다는 것을 깨달아 불의를 덮을 수 있는 방법을 찾는 가운데 성령께서 믿음을 발생시키시어, 죄의 용서와 의롭게 하는 것이 그리스도 안에 있다는 것을 깨닫는 것이다. 따라서 의롭게 하는 믿음은 죄인이 그리스도를 왜 믿어야 하며, 그리스도 안에 구원의 은덕들이 있다는 것을 알고, 자신에게 적용하기 위해 그리스도를 의지하는 것이다. 물론 그리스도는 순종과 속량의 사역을 통해서 의를 확보하셨으며 의롭다 함을 받는 것은 오직 그리스도의 의 때문이다.

유효한 부르심으로 믿음이 발생되어 그리스도와 그의 의를 필요로 하여 그리스도를 받아들이게 된다. 이 믿음으로 그리스도에게 연합되어, 그리스도 안에 있는 죄 용서와 의롭다 함을 얻는 은혜를 얻게 된다. 이 믿음은 사람들 자신에게서 나오는 것이 아니라 하나님의 선물이다. 더욱이 의롭다 하시는 것은 하나님께서 심판자로서 하시는 행위이다. 하나님은 죄인을 반드시 심판하시는 분이신데, 그리스도의 의를 신자에게 적용하여, 법정에서 의로운 자라고 선언해주시는 것이다. 이는 하나님의 법적 행위이다. 의롭다 함을 받았다는 것은 정죄되지 않는다는 것이다. 정죄의 두려움에서 벗어나 의로운 자로 여기고 받아주신 하나님에게 마땅히 감사와 헌신이 일어날 수밖에 없는 것이다.

1항에서 칭의에 대한 오류들을 확인할 수 있다. 로마가톨릭, 소시니안주의자, 펠라기우스주의자들은 그들 안에 있는 의와 의로운 행위를 통해 의롭게 된다고 주장하는데, 신앙고백서에서 오류라고 분명히 하고 있다. 로마가톨릭교회는 의의 주입 교리를 말하는데, 하나님께서 의로움을 주입하셨기 때문에 실제적으로 의로운 자가 되었다고 주장한다. 또 이미 언급된 소시니안주의자는 칭의를 죄 사함의 의미에 국한시킨다.

청교도 당시에 가장 지독한 오류이었던 알미니안주의자들은 믿는 행위를 의롭다 함을 받는 근거라고 주장하며, 그리스도 때문에 법의 요구가 완화되며, 완전한 순종 대신에 복음적 순종이 의롭다 함을 받는 근거가 된다고 말하였다. 결국 알미니안주의자들은 행위가 불완전할지라도 행위가 있어야 의롭다 함을 받는다고 하였다. 17세기 후반에서부터 유행하였던 신율법주의자들(neonomianists)은 그리스도를 통해서 우리에게 새로운 율법을 주셨는데, 이 율법에 순종할 수 있으며, 믿음과 회개를 가능하게 하여서 의롭다 함을 받는다는 주장을 하였다.[96]

18세기의 존 웨슬리(John Wesley, 1703-1792)는 칭의의 요소로 죄 사함만 인정하고, 의의 전가는 반대하였다. 결국 의롭다 함을 받기 위해서는 행위가 있어야 한다고 하였다. 20세기에 칼 바르트(Karl Barth, 1886-1968)는 칭의 교리가 독일 신학의 잔재물이라고 하면서 화해 교리로 대체하였다. 20세기로부터 일어난 현대 복음주의는 알미니안주의를 따라가면서 성령의 유효한 역사 없이 의지를 드리는 결단으로 의롭게 된다고 주장한다. 20세기 후반에서부터 일어나 최근에 유력한 신학으로 자리를 잡은 바울의 새 관점에서는 교회로 들어오는 구원 이후에 율법을 지켜서 최종적으로 의롭게 된다고 주장하는데, 신학적 구조면에서 웨슬리의 칭의 개념과 같고, 16세기 영국 국교회의 리차드 후커(Richard Hooker, 1554-1600)의 주장과도 같다.

96　리차드 박스터(Richard Baxter, 1615-1691)는 후기에 신율법주의(Neonomianism)를 따라갔다.

> **11.2.** 그리스도를 받아들이며, 그리스도와 그의 의를 의지하는 믿음은 유일한 칭의의 도구이다(요1:12; 롬3:28; 5:1). 그러나 믿음은 의롭다 함을 받은 사람 안에서 하나의 은혜로 있는 것이 아니라, 언제나 모든 다른 구원의 은혜들을 동반시킨다. 의롭게 하는 믿음은 죽은 믿음이 아니라 사랑으로 역사한다(약2:17, 22, 26; 갈5:6).

2항에서는 도구적 믿음, 믿음으로 인한 그리스도와의 연합, 그리고 믿음의 효과 및 증거를 설명하였다. 도구적 믿음은 세 가지 기능을 한다. 그리스도를 받아들이는 것과 그리스도를 의지하는 것, 그리고 그리스도의 의를 의지하는 것이다. 그리스도의 의를 의지하는 것은 그리스도를 받아들일 때, 자신이 불의하다는 것을 철저히 깨닫고, 자신의 어떠한 행위로도 의롭게 될 수 없다는 것과 그리스도의 의가 필요한 것을 절실하게 인지한 상태에서 그리스도를 받아들인다는 것이다. 이때 믿음을 가지고 있는 자는 그리스도의 소중성과 고귀한 가치를 알고 있어서 그리스도만을 의지하고 붙잡는 것이다.

2항에서는 믿음으로 의롭게 되는 것으로 끝나지 않고, 믿음으로 구원의 다른 모든 은덕들을 얻는 것을 강조하였다. 칭의가 일어난 자들에게는 구원의 여러 가지 은혜들이 주어지는데, 양자됨, 성화, 견인과 확신 등이다. 이는 믿음으로 그리스도에게 연합되어져서, 칭의와 함께 주어지는 구원의 은혜들이다. 웨스트민스터 신앙고백서에서 유효한 부르심 다음의 항목들로서, 칭의, 양자, 성화를 다루는 것은 그리스도와의 연합교리를 다루는 것이다. 따라서 칭의와 성화가 동시적이어서, 칭의가 일어났다면 반드시 성화가 나타나야 하는 것을 의미한다.

이러한 방식의 설명은 웨스트민스터 대요리문답서와 소요리문답서에서도 마찬가지이다. 대요리문답서에서는 질문 69번에서 75번까지이며, 소요리문답서에서는 질문 32번에서 36번까지의 내용이 2항에서 설명하고 있는 것과 같은 것이다. 특별히 대요리문답서에서는 그리스도와의 연합에 대한 용어를 구체적으로 사용하고 있다. 따라서 구원의 서정만을 강조하고, 연합교리를 무시하는 윌리엄슨(G. I. Williamson)의 해석은 문제가 있으며, 연합교리만을 강조하면서 구원의 서정 교리를 반대하는 안토니 후크마(Anthony Hoekema, 1913-1988)도 잘못된 해석이다. 웨스트민스터 신앙고백서는 유효한 부르심에서 구원의 서정을 다루고 있으며, 다음부분은 연합교리를 다룬 것이다.

2항의 마지막 부분은 그리스도와의 연합 교리를 다룬 것의 결과에 대한 설명이기도 하다. 믿음으로 그리스도에게 연합되면, 칭의가 일어날 뿐만 아니라 성화도 일어난다. 그것의 증거는 행함이 나오는 것이다. 그래서 의롭게 하는 믿음은 사랑으로 역사하는 믿음이라고 말하였다(갈 5:6). 물론 이 항에서 오류임을 드러내고 있는 도덕률폐기론주의자들은 믿음으로 의롭게 된 것으로 구원받은 것이며, 성화가 구원에 있어서 반드시 필요한 것은 아니라고 주장하였다. 18세기의 하이퍼 칼빈주의자들도 칭의로 구원받은 것이며, 성화가 구원에 포함되는 것을 반대하였다. 이것은 개혁신학에서 벗어난 극단의 오류이다.

> **11.3.** 그리스도는, 자신의 순종과 죽음으로 의롭다 함을 받은 모든 자들의 빚을 완전히 갚아주셨고 빚을 완전하게 갚아 주셨고, 그들을 대신해 성부 하나님의 공의를 적절하고, 실제적이며, 완전히 만족시키셨다(롬5:8-10, 19; 딤전2:5, 6; 히10:10, 14; 단9:24, 26; 사53:4-6, 10-12). 그러나 그들을 위해 아버지에 의해 그리스도가 거저 주어졌고(롬8:32), 그들을 대신하여 그의 순종과 공의를 만족시킨 것이 받아들여졌기 때문에(고후5:21; 마3:7; 엡5:2), 그리고 그들 안에 있는 어떤 것으로 인한 것이 아니기 때문에 그들의 칭의는 오직 거저 주시는 은혜에 속한 것이다(롬3:24; 엡1:7). 죄인들을 의롭다고 하시는 것에서 하나님의 목적은 하나님의 정확한 공의와 풍성한 은혜를 영광스럽게 하는 것이다(롬3:26; 엡2:7).

3항에서 의롭다 여김을 받는 근거는 그리스도의 구속 사역에 있음을 설명하였다. 그리스도께서 십자가에 죽으심으로 선택된 백성들의 죄 값을 치르셨고, 아버지에게 완전한 순종을 드림으로 그리스도는 자신의 백성을 의롭게 할 수 있는 의를 확보하셨다. 한편으로 아버지는 그리스도를 부활시키심으로 그리스도의 의를 증거하셨다. 그래서 그리스도를 믿는 자들에게 의를 전가시켜주시는 것이다. 이렇게 죄인을 의롭게 하는 방식은 하나님의 의와 동시에 하나님의 풍성하신 의를 나타내고 있다. 따라서 의롭게 된 자들은 모두 빚을 진 자들이다. 그러나 소시니안주의자들은 그리스도께서 자신의 백성을 대신하여 하나님의 공의를 완전하고 충분히 만족시키셨다는 것을 부인한다.

> **11.4.** 하나님은 영원으로부터 모든 선택된 자들을 의롭다 하시는 것을 작정하셨다(갈3:8; 벧전1:2, 19, 20; 롬8:30). 그들의 의롭다 하심을 위해서 다시 살아나셨다(갈4:4; 딤전2:6; 롬4:25). 그럼에도 불구하고 정한 때에 성령께서 실제적으로 그리스도를 그들에게 적용하기 전까지는 그들이 의롭게 된 것은 아니다(골1:21, 22; 갈2:16; 딛3:4-7).

1항에서 유효한 부르심을 언급하고 칭의를 설명하였듯이, 성령의 유효한 부르심으로 믿음이 발생되어, 그 믿음으로 그리스도의 속죄와 의를 자신에게 적용할 때, 의롭다 함을 받는 것이다. 따라서 4항에서는 선택되었을지라도 실제적으로 구원받는 것은 성령께서 그리스도의 피를 적용하실 때이다(히 9:14).

4항의 언급으로부터 오류들을 분별할 수 있는데, 하이퍼 칼빈주의자들은 선택의 교리를 남용하여 영원 전 칭의를 말한다. 이는 명백한 오류이다. 4항에서의 언급과 같이, 하나님의 선택은 유효한 부르심의 효과가 나타나야 확인할 수 있는 것이다. 또한 알미니안주의자들은 그리스도께서 그들의 구원을 위한 대가를 지불하는 순간에 의롭다 함을 받았다고 주장하는데, 이것 역시 오류이다.

> **11.5.** 하나님은 의롭다 함을 받는 자들의 죄들을 계속해서 용서해 주신다(마6:12; 요일1:7, 9; 2:1, 2). 그리고 그들이 비록 칭의의 상태에서 떨어질 수 없지만(눅22:32; 요10:28; 히10:14), 그들은 자신들의 죄들로 인하여 하나님의 부성적인 진노 아래에 있을 수 있으며, 그들이 자신들을 낮추어, 그들의 죄들을 고백하고, 용서를 구하며, 그들의 믿음과 회개를 갱신하기 전까지 그들은 회복된 하나님의 얼굴의 빛을 가질 수 없다(시89:31-33; 51:7-12; 32:5; 마26:75; 고전11:30, 32; 눅1:20).

칭의는 단번에 완성되기 때문에 의롭다 하심을 받은 자들은 다시 정죄되지 않는다. 또한 칭의는 하나님께서 개인에게 선언하신 것이다. 이는 그리스도의 의에 근거한 것으로서 영원한 함축성을 가진다. 따라서 의롭다 여김을 받은 상태에 있는 그리스도인들은 그 상태에서 떨어져 나갈 수 없다.

그럼에도 불구하고 모든 그리스도인들이 자신이 의롭다 함을 받았다 하더라도 죄를 짓는 것을 알고 있다. 그래서 주께서 우리로 날마다 우리의 죄를 용서해달라는 기도를 가르치신 것이다(마 6:12). 따라서 진정으로 의롭게 된 자는 죄를 마음껏 지어도 된다는 생각을 전혀 하지 않으며, 연약하여 죄를 지었을 경우 하나님께로 나아가 회개한다. 한편으로 하나님은 의롭게 된 신자에게 있는 죄에 대해서 책망하시고, 진정한 회개를 위해서 그들에게 징계를 행하신다. 하나님께서 신자로 회개하도록 베푸시는 은혜는 그들을 낮추시고, 죄를 고백하고, 용서를 구하게 하신다. 결국 그들은 믿음과 회개를 새롭게 하는데, 이를 영적 갱신이라고 부른다. 회심의 영적 과정과 같은 것이다.

5항의 서술에서 청교도들은 도덕률폐기론이 오류라는 것을 드러내었다. 도덕률폐기론주의자들은 칭의 이후에 지은 죄는 그들의 구원에 어떤 영향을 주지 않는다고 주장하고, 한번 구원은 영원한 구원이라고 말하면서, 칭의 교리를 남용하고 있다. 도덕률폐기론의 반대 극단으로서 구원 이후에 의의 행위가 있어야 의롭게 될 수 있다고 주장하는 웨슬리와 교회에 가입되어 율법의 행위가 있어야 의롭게 될 수 있다는 바울의 새 관점은 오류이다. 물론 최근에 주장되고 있는 유보적 칭의론도 오류이다.

11.6. 구약의 신자들의 칭의는 신약의 신자들의 칭의와 모든 면에서 하나이며 같은 것이다(갈3:9, 13, 14; 롬4:22-24; 히13:8).

이 항목은 웨스트민스터 신앙고백서 7장에서 언약을 설명한 것과 일관성을 가지고 있다. 그리고 8장에서 그리스도의 중재자의 직무를 설명한 것과 같이 하나님의 구원은 하나이며, 모든 시대를 통해서 영원까지 같은 것이다. 그러나 소시니안주의자들은 이 항목의 언급을 반대한다.

제12장 양자됨

12.1. 하나님은 의롭다 함을 받는 모든 자들이 그의 독생자 예수 그리스도 안에서, 그리고 그를 위하여 양자됨의 은혜에 참여자들이 되는 것을 허락하신다(엡1:5; 갈4:4, 5). 이로 말미암아 그들은 하나님의 자녀의 수효에 들게 되고, 자녀로서의 자유와 특권을 누리게 된다(롬8:17; 요1:12). 또한 그들 위에 하나님의 이름이 기록되며, 양자의 영을 받으며(롬8:15), 담대함으로 은혜의 보좌로 나아가며(엡3:12; 롬5:2), 아바 아버지라 부를 수가 있으며(갈4:6), 불쌍히 여김을 받으며(시103:13), 보호를 받으며(잠14:26), 필요한 것을 공급받으며(마6:30, 32 벧전5:7), 아버지로서 내리는 징계를 받으나(히12:6), 결코 버림받지 않으며(애3:31), 구속의 날까지 인(印)치심을 받으며(엡4:30), 영원한 구원의 상속자로서(벧전1:3, 4; 히1:14) 약속들을 기업으로 받는다(히6:12).

구원의 축복들은 예수 그리스도로부터 모듬(pakage)으로 우리에게 주어진다. 이는 믿음으로 그리스도를 붙잡아 그리스도에게로 연합되어 신분적으로 변화가 일어나, 의로운 자로 여김을 받으며, 동시에 하나님의 자녀가 된다. 칭의와 양자됨은 그리스도에게 연합되어 동시에 일어나는 신분의 변화이다. 여기서 칭의와 양자됨을 구원의 서정으로 보아서는 안 되며, 그리스도와의 연합으로부터 얻게 되는 유익들로 보아야 한다.

양자됨이라는 것은 옛 사람 아담 안에서의 관계에서 떨어져 하나님의 가족으로 접붙임을 당하는 것을 의미한다. 이는 성화의 영을 받는 것이며(롬8:15) 아들의 영예를 갖게 되고(요8:35) 하나님의 보좌로 담대히 나갈 수 있을 뿐만 아니라(엡3:12) 아들의 유업을 소유하는 것이다(갈4:7). 양자됨이 칭의와 구별되는 것은 이제 자녀의 모든 특권을 누릴 수 있는 권리를 부여받았다는 것이다. 하나님의 자녀가 된 자들이 누리는 특권으로서, 새 이름으로 일컫게 되며(사62:2) 양자의 영을 받아 우리가 하나님의 자녀된 것을 증거하고, 하나님의 은혜의 보좌 앞에 담대히 나아가며, 하나님 아버지의 보호를 받고, 필요한 것을 공급받는다. 물론 우리의 죄악을 고치시기 위한 하나님 아버지의 징계도 받는다. 결국 하늘에 예비된 풍성하고 영광스러운 기업을 물려받게 된다. 따라서 하나님의 자녀라는 점에서 모든 성도는 아무런 차이가 없다.

그러나 루터주의자들은 하나님의 자녀들 가운데 한동안 완전히 은혜로부터 떨어질 수 있다고 주장하며, 알미니안주의, 퀘이커주의, 소시니안주의자들도 하나님의 자녀라고 할지라도 은혜로부터 완전히 그리고 최종적으로 떨어질 수 있다고 말한다. 이러한 주장들은 오류이며, 그리스도와의 연합 교리를 받아들이지 않은 것에서부터 나온다. 그러나 그리스도와의 연합으로부터 받은 양자됨은 성도의 견인의 은덕도 같이 받은 것이다. 성도의 견인은 은혜언약 안에서 선택된 자에게 하나님에 의해 약속된 것이어서, 루터주의, 알미니안주의, 퀘이커주의, 소시니안주의는 모두 오류들이다.

한편으로 양자됨의 서술에서의 내용을 남용하는 경우가 있다. 빌립보서 1장 6절(너희 안에서 착한 일을 시작하신 이가 그리스도 예수의 날까지 이루실 줄을 우리는 확신하노라)을 남용하여서 사람의 책임인 빌립보서 2장 12절(그러므로 나의 사랑하는 자들아 너희가 나 있을 때뿐 아니라 더욱 지금 나 없을 때에도 항상 복종하여 두렵고 떨림으로 너희 구원을 이루라)을 아예 무시하는 경우가 있다. 루터주의, 알미니안주의의 반대 극단이다. 이러한 가르침 속에서는 자신을 죄에 방임하거나, 죄와 싸우지 않는다. 어차피 구원하실 백성은 하나님께서 구원하실 것이라고 생각하기 때문이다. 하이퍼칼빈주의가 이러한 견해를 가지고 있다. 사람들의 책임을 무시하고, 모든 것을 하나님의 주권으로만 돌리는 영적 게으름의 언급들이다.

그러나 하나님께서 신자들에게 거룩함을 요구하심으로 신자들은 책임을 다하게 되어 있다. 신자는 책임을 다할 때 자신이 무능하고 연약하다는 것을 알아 더욱 주의 은혜를 의지하게 된다. 그래서 신자는 그리스도 안에서 보전되어 마지막 날에 주 앞에 설 수 있는 것이다.

제13장 성화

13.1. 유효한 부르심을 받고 거듭났으며, 그들 안에 새 마음을 갖게 되고, 새 영이 창조된 자들은 그리스도의 죽으심과 부활의 공로를 통하여(고전6:11; 행20:32; 빌3:10; 롬6:5, 6), 그의 말씀과 그들 안에 내주하시는 성령으로서(요17:17; 엡5:26; 살후2:13) 실제로 그리고 인격적으로 더욱 거룩해진다. 온 몸을 주관하는 죄의 권세가 파괴되고(롬6:6, 14) 죄의 몸에서 나오는 여러 가지 정욕들이 더욱 약해지고, 억제되며(갈5:24; 롬8:13), 그들은 모든 구원의 은혜 안에서 더욱 활기와 힘을 얻게 되어(골1:11; 엡3:16-19) 참된 거룩의 삶으로 나아간다. 이런 거룩함이 없이는 아무도 주를 볼 수 없다(고후7:1; 히12:14).

칭의를 설명하는 11장 1항과 같이 성화를 설명함에 있어서 유효한 부르심으로 시작하고 있다. 그리스도와의 연합 교리 가운데서 성화를 설명하고 있는 것이다. 그리고 유효한 부르심 가운데, 거룩한 성질이 심겨지고 성향이 형성되어야 성화가 가능하기 때문에 유효한 부르심을 언급하였다. 유효한 부르심의 효과는 중생이며, 중생이란 새 마음과 새 영으로 창조함을 받은 것이고, 성령께서 마음속에 새로운 영적 본성을 심으신 것이다.

그리고 회심 이후에 성령께서 심어 놓으신 영적 원리를 배양하며, 발전하게 하시는 것이 성화이다. 따라서 중생과 성화는 성령의 사역의 측면에서 볼 때 불가분의 관계이다. 성화는 구원의 은혜 가운데 강화되는 것을 의미한다. 성화는 실제적인 것으로서 그 효과를 눈으로 확인하고 볼 수 있다. 성화는 죄를 죽이는 것과 구원 은혜 안에서 영적 생동감이 넘치는 것으로 구성되어 있다. 성화는 구원의 부분으로서 성화가 없다면 구원이 없다.

따라서 성화를 통하여 칭의의 유무를 확인하는 것이다. 즉, 성화가 없다면 칭의가 일어나지 않은 것이다. 주께서 열매를 가지고 나무를 확인하는 것과 같은 원리이다. 청교도들은 칭의와 성화는 그리스도와의 연합의 이중적 은덕이라고 하였다. 칭의와 성화는 본질이 다르다. 칭의는 관계상의 변화 혹은 신분의 변화를 가리키며, 성화는 실질적인 변화를 가리킨다. 칭의와 성화는 시간상의 순서는 아니지만 본질상 칭의가 성화보다 앞선다. 실제로 거룩함이 이루어지려면 의의 전가가 선행되어야 한다. 따라서 칭의는 그리스도의 의가 전가되는 것이지만, 성화는 내면적인 의가 이루어지는 것이다. 칭의는 죄인을 의롭다고 선언하는 법정적인 행위에 해당되고, 성화는 영혼의 성품 안에서 실질적인 변화를 일으키는 도덕적이고 물리적인 행위에 해당된다. 칭의는 즉각적으로 완성되며, 모든 신자에게 정도의 차이가 없이 적용되지만, 성화는 처음에는 불완전할 뿐만아니라 신자 개인에 따라서 성취되는 정도가 모두 다르다.

결국 1항의 설명으로부터 성화가 없어도, 칭의만을 가지고 구원받을 수 있다고 주장하는 도덕률폐기론주의는 오류라는 것이 분명해진다. 도덕률폐기론주의는 성경에서 열매를 가지고 나무를 안다는 그리스도의 명제를 뿌리를 가지고 나무를 안다는 것으로 바꾸었다. 오류 중에 오류이다. 한편으로 퀘이커주의자들은 의롭게 되었다면 완전하게 거룩하게 된다고 주장하는데, 이것 역시 오류이다. 20세기에 '한 번 구원, 영원한 구원'을 외치면서 성화를 무시하는 이들이 있는데 성경에서 벗어난 주장이다.

> **13.2.** 성화는 사람의 본성의 모든 부분에 영향을 미친다(살전5:23), 그러나 이 세상의 삶에서 불완전하다. 모든 부분에 어느 정도의 부패가 여전히 남아 있으며(요일1:10; 롬7:18, 23; 빌3:12) 이로서 계속적이며 화해될 수 없는 전쟁이 일어나고, 육신의 소욕이 성령을 거스르며, 성령은 육신을 거스른다(갈5:17; 벧전2:11).

성화는 지성과 의지와 정서에 영향을 미치는 것이다. 즉, 지성은 거룩한 것으로 채워지고, 의지는 거룩한 것을 기꺼이 추구하며, 정서는 거룩한 것으로 기뻐하게 된다. 그럼에도 불구하고 신자의 성화는 이 땅에서 불완전하다. 이 세상에 살고 있으며, 마귀의 유혹이 계속되고, 내면에 부패성이 남아있기 때문이다. 따라서 신자에게 잔존하는 부패성을 성령으로 죽여야 한다(롬 8:13).

신자에게 성화를 책임으로 둔 것은 자신의 힘과 능력으로 거룩함을 이룰 수 없다는 것을 인정하고 오직 성령의 은혜에 의지하게 하는 목적이 있다. 따라서 거룩하려고 애쓰고 수고하는 자들은 더욱 겸손하여 주의 은혜를 붙잡게 되며, 성령께서 주권적으로 그 영혼을 거룩하게 하시는 것이다.

그러나 펠라기우스주의자들은 하나님이 사람에게 거룩하라고 명령하신 것은 사람의 행위로 거룩할 수 있기 때문에 그러한 명령을 하신 것이라고 주장한다. 이는 명백한 오류이다. 교황주의자들과 소시니안주의자들과 재세례파주의자들은 이 세상의 삶에서 완전한 내재적 거룩함을 지니고 있거나 그런 상태에 도달할 수 있다고 주장하는데, 그 거룩함은 미신적이거나 환상적인 것에 불과하다. 한편으로 웨슬리의 완전 성화이론을 가지고 성결운동을 일으킨 완전주의자들은 두 번째 성령의 체험으로 완전해질 수 있다고 주장하는데, 이는 실제적 거룩한 삶으로 나타나기보다는 환상적 체험들이다. 이 땅에서의 신자는 부패성을 가지고 있으며, 세상에서 살고 있고, 마귀가 여전히 유혹을 하고 있기 때문에 완전에 이를 수 없기 때문이다.

13.3. 이 남아 있는 부패성이 잠시 동안은 우세할지라도(롬7:23), 그리스도의 영의 성결하게 하시는 것으로부터 계속되는 힘의 공급을 통하여, 거듭난 부분이 이기며(롬6:14; 요일5:4; 엡4:15, 16), 그래서 성도들은 은혜 안에서 자라고(벧후3:18; 고후3:18), 하나님을 경외하는 가운데서 거룩함을 온전히 이룬다(고후7:1).

신자의 내면에 영적인 부분과 육적인 부분의 충돌이 계속 일어난다. 초신자의 경우, 부패한 부분이 우세할 수 있다. 따라서 반드시 성령으로부터 은혜를 공급받아서 영적인 부분이 우세하게 해야 한다. 신자는 반드시 은혜 안에서 성장해야 한다. 또한 거룩함을 온전히 이루기 위해 하나님을 경외하는 것이 필요한데, 죄와 더러움을 피하기 위한 것이다. 따라서 성화는 그 성질상 점진적이다. 그러나 단번에 완전에 이를 수 있다고 가르치며, 그 체험을 독려하는 성결운동에서의 완전주의는 오류이다.

제14장 구원에 이르는 믿음

> **14.1.** 믿음의 은혜는 선택된 자들의 마음 안에서 (일하신) 그리스도의 영의 역사이며(고후4:13; 엡1:17-19; 2:8) 이로서 그들은 믿을 수 있으며 그들의 영혼을 구원에 이르게 한다(히10:39), 이는 통상적으로 말씀의 사역으로 일어난다(롬10:14, 17). 이 믿음은 같은 수단 (말씀의 사역)과 성례의 집행과 기도로서 증가되고 강화된다(벧전2:2; 행20:32; 롬4:11; 눅17:5; 롬1:16, 17).

청교도들은 구원의 믿음과 구원의 믿음이 아닌 것을 분명하게 구별하였다. 구원의 믿음이 아닌 경우는, 그리스도의 역사적 사실만을 알고 있는 역사적 믿음, 영적 각성이 일어나지 않은 상태에서의 흥분적인 일시적 믿음, 지식이 없이 맹목적인 열심을 가지고 있는 맹목적 믿음, 성령의 은사로서의 기적을 일으키는 은사적 믿음이다.

1항에서는 구원에 이르는 믿음에 대한 성질과 믿음이 일어나고 증가되는 수단을 설명하였다. 우선 구원의 믿음은 오직 택한 자들에게만 일어나는 것으로 말하였으며, 구원의 믿음은 성령의 유효한 부르심으로 인하여 발생되는 것이라고 하였다. 택한 자에게 구원의 믿음을 일으키기 위해 성령께서 사용하시는 통상적인 수단은 말씀의 사역, 즉 설교이며, 은혜의 수단 아래에서 믿음이 증가되고 강화된다고 하였다. 물론, 성령의 역사를 위한 통상적 말씀의 사역이라는 것은 구원에 관련된 교리를 포함해서 삼위 하나님의 구속 사역과 그 적용에 대한 가르침들이 필요하다는 것을 의미한다.

이 항목으로부터 청교도 시대로부터 오늘날까지 오류들이 교회에 상존하고 있음을 알 수 있다. 펠라기우스주의자들은 자연적 사람들이 믿음을 가질 수 있다고 주장하였다. 그리고 알미니안주의자들은 의지의 결심을 믿음으로 보며, 이것은 선택된 자에게 주어지는 것이 아니라 모든 자에게 주어지는 것으로 보았다. 현대복음주의도 알미니안주의 신학을 따라가고 있는데, 의지의 결심을 믿음으로 보고 결심 촉구 전도를 행하고 있다.

칼 바르트는 '말씀이 육신이 되어'라는 것이 이성으로 이해될 수 없는 것인데, 이것이 이해되어진다면 성령의 조명의 역사가 있는 것으로 믿음이 발생된 것이라는 주장을 하였다. 바르트가 말하는 믿음은 성령의 역사에 대해서 충분하게 설명되지 않았고, 믿음을 존재론적으로 말하고 있어서 모호하고 추상적인 말에 불과하다. 한편으로 구원의 믿음에 있어서 믿음의 객체인 그리스도의 구속을 설명하지 않고 있으며, 다만 '말씀이 육신이 된 것의 존재론적 이해로 말하고 있기 때문에 진정한 구원의 믿음을 기대할 수 없다.

바울의 새 관점을 주장하는 톰 라이트는 복음이 사람들에게 선언되어질 때, 하나님께서 사람들의 마음에 역사하여서 그 메시지를 믿게 되고, 소환에 순종하는 순간에, 한 분이신 하나님을 그리스도 안에서 깨닫게 되고, 하나님의 신실하신 사랑에 의해서 자신이 구원받은 것을 알게 된다고 주장한다. 바울의 새 관점에서의 믿음은 성령의 역사로 인하여 자신이 죄인이라는 사실과 구원을 위해 그리스도가 필요해서 그리스도를 믿는 믿음에서 벗어나 있다. 바울의 새 관점에서는 그리스도에 대한 메시지를 받아들이고자 하면 믿어지는데, 믿게 되는 순간에 그리스도와 하나님을 깨닫게 된다고 말한다. 이는 성경에서 성령께서 믿음을 일으키는 방법과 거리가 멀며, 인간의 의지를 가지고 지적 동의를 하게 되면 성령의 역사가 가능하다고 하는 펠라기우스적인 요소를 가지고 있는 것이다.

개혁 신학 내에서도 역사적 믿음을 구원의 믿음으로 착각하던 시대들이 있었다. 웨스트민스터 신앙고백서의 내용을 받아들이면 구원받은 것으로 간주하였다. 그러나 실제적으로 1항에서의 그리스도의 영의 역사가 영혼에게는 일어나지 않은 경우이다. 이런 경우에도 구원받았다고 간주하였다. 이러한 경우 개혁신학 안에 있다고 주장할지라도 실제로는 개혁 신학 가운데 있는 것이 아니다.

14.2. 이 믿음으로서 그리스도인은 말씀 안에 계시된 무엇이든지 참된 것으로 믿는데, 그 안에서 말씀하시는(요4:42; 살전2:13; 요일5:10; 행24:14) 하나님 자신의 권위 때문이다. 그리스도인은 각 특정 본문에 따라서 행동하되, 명령에 순종하며(롬 16:26), (경고의) 위협에는 떨며(사66:2), 현세와 내세를 위한 하나님의 약속은 붙잡는다(히11:13; 딤전4:8). 그러나 구원의 믿음의 주요한 행위들은(principle acts of saving faith) 은혜언약의 덕에 의한(요1:12; 행16:31; 갈2:20; 행15:11), 칭의와 성화와 영생을 위하여 그리스도만을 받아들이고, 영접하고, 의존하는 것이다.

2항은 진정한 구원의 믿음을 가지고 있다면, 그 효과가 분명하다는 것을 설명하였다. 우선 구원의 믿음은 하나님의 말씀에 계시된 모든 진리를 받아들이며, 성경 안에서 말씀하시는 하나님의 권위에 굴복하게 한다. 그리고 구원의 믿음은 그리스도 안에 있는 구원의 은덕들을(칭의, 성화, 영생) 혹은 은혜언약의 덕에 의한 것을 깨닫고, 그것들을 절대적으로 필요로 하여 그리스도에게로 가는 것이다. 즉, 그리스도의 귀중성과 그 은덕들의 가치를 철저히 인식하고, 오직 그리스도만을 의지하는 것이다. 이때의 믿음은 자신의 어떤 행위로도 의로워질 수 없으며, 오직 그리스도의 구속의 은혜만이 자신의 죄를 용서하고, 불의를 덮을 수 있다는 것을 깨닫고 있는 상태이다.

2항에서 구원의 믿음의 행위들이라고 표현한 것은, 구원의 믿음이 있는 경우 반드시 그리스도를 받아들이며, 그리스도를 의존하는 것이 있어야 하는 것을 말하기 위한 것이다. 구원의 믿음은 그리스도를 받아들이고, 영접하며, 의존하는 것이 실제적으로 나타나야 한다.

그러나 청교도 시대와 오늘날에는 2항에서 언급하는 구원에 이르지 못하는 거짓 믿음들이 많이 있다. 로마가톨릭교회에서는 믿음을 성경에 계시된 진리에 동의하는 것으로 간주한다. 알미니안주의자들은 그리스도의 구속 사역으로 인하여 혹은 그리스도의 죽음의 열매로 주어지는 믿음을 부정한다. 한편으로 현대 복음주의에서 피상적인 전도 메시지와 전도 방식으로 그리스도에 대한 분명한 지식과 성령의 유효한 역사 없이 믿겠다고 하는 자들을 양산하고 있다. 복음 전도에서 율법과 복음의 관계가 생략되어 있어서, 그리스도를 왜 믿어야 하는 지에 대한 설명 없이 믿으라고 한다. 더욱 왜곡된 복음은 그리스도를 믿게 되면 건강해지고, 부유하게 된다고 가르치는 건강과 부의 복음이다. 이러한 가르침들 속에서는 구원의 믿음이 발생할 가능성이 없다.

14.3. 이 믿음은 정도에 있어서 차이가 있는데, 약하거나 강하기도 하며(히5:13, 14; 롬4:19, 20; 마6:30; 8:10) 자주 그리고 여러 방식으로 공격을 당하여 약해질 수 있지만 승리를 얻는다(눅22:31, 32; 엡6:16; 요일5:4, 5). 우리의 믿음의 창시자이며, 완성자이신(히12:2) 그리스도를 통해서 여러 면에서 성숙하여 온전한 확신에 이르게 된다(히6:11, 12; 10:22; 골2:2).

3항에서는 구원의 믿음이 정도에 따라 차이가 있음을 말하였다. 구원의 믿음의 종류에서, 약한 믿음, 강한 믿음이 있다. 두 종류 모두 구원받는 믿음이다. 그러나 약한 믿음은 때때로 세상 사람과도 같은 모습을 나타내기도 하며, 세상의 유혹에 넘어져서 그리스도의 풍성함을 경험하지 못한다. 강한 믿음은 연단을 받아서, 유혹과 시험들을 극복하여 그리스도의 승리를 체험하는 믿음이다. 따라서 믿음은 은혜의 수단 아래에서 반드시 성장하여야 한다. 그러나 죄에 의해서 공격을 받거나 사탄에 의해 공격을 받을 때, 믿음이 약하여질 수 있으며, 또한 세상에 가까이 있거나 은혜의 수단에서 게으르게 되면 믿음이 약해질 수 있다. 더욱이 은혜의 수단에서 멀어짐으로 구원의 확신을 잃어버릴 수 있다. 그러나 구원의 은혜를 잃은 것은 아니다. 이런 경우 구원의 확신을 위해서 주께서 고난을 주시고 연단하시기도 한다.

제15장 생명에 이르는 회개

15.1. 생명에 이르는 회개는 복음적 은혜이며(슥12:10; 행11:18), 그 교리는 그리스도께 대한 믿음의 교리와 마찬가지로 모든 복음 사역자들에 의해 전파되어야 한다(눅24:47; 막1:15; 행20:21).

생명에 이르는 회개라고 말하는 이유는 거짓 회개와 구별하기 위한 것이다. 거짓 회개로서, 일시적 회개, 절반 회개, 율법적 회개가 있다. 일시적 회개는 바로 왕이 우박 재앙을 만나서 어려움을 피하기 위해서 회개하였으나, 어려움이 지나가자 죄를 다시 짓는 경우이다(출 9:27, 34). 절반 회개는 외적으로 드러난 죄에 대해서는 회개하지만, 드러나지 않은 죄를 계속 짓고 있는 상태이다(호7:8). 율법적 회개는 죄를 깨닫고 있지만, 죄에서 돌이키지 않는 상태를 말한다(막6:20). 1항으로부터 오류를 분별할 수 있는데, 도덕률폐기론주의자들은 복음의 사역자들이 회개를 외쳐서는 안 된다고 주장한다. 그 이유는 회개가 복음적 은혜가 아니며, 그리스도로부터 멀어지게 만든다고 생각하기 때문이라고 한다. 이러한 주장은 오늘날 복음주의 교회에서 회개보다는 하나님께서 당신을 사랑하신다는 메시지를 선호하는 것과 같은 것이다.

> **15.2.** 회개로써 죄인은 자신의 죄가 하나님의 거룩한 성질과 의로운 법에 대항한 것으로 깨달으면서 자신의 위험과 더러움과 가증함을 보고 인식한다. 그리고 회개하는 자들에 대해 그리스도 안에서 하나님이 자비를 약속하신 것을 깨달으면서 자신의 모든 죄에서 떠나 하나님에게 돌이키며(겔18:30-31, 36:31, 사30:22, 시51:4, 렘31:18-19, 욜2:12-13, 암5:15, 시119:128, 고후7:11) 자신의 죄에 대해서 슬퍼하고 미워하며 하나님이 명령하신 모든 길에서 하나님과 동행하기를 결심하고 노력한다(시119:6, 59, 106, 눅1:6, 왕하23:25)

2항에서는 생명에 이르는 회개의 특징과 효과를 설명하였다. 진정한 회개에서는 율법을 통해서 반드시 자신들의 죄를 깨달아야 하며, 죄의 더러움과 가증함을 인식하는 것이 있어야 한다. 율법을 통해서 죄를 깨닫게 하는 것은 성령의 사역으로서, 죄에 대해서 슬퍼하게 되며, 죄를 미워하고, 죄에 대해서 싸우는 영적 성향이 심어진다. 따라서 진정한 회개의 증거와 열매는 죄와 싸우는 것이며, 거룩한 삶을 추구하는 것이다.

진정한 회개는 믿음과 동시에 일어나며, 죄에 대해서 깊이 깨닫고 용서를 찾게 된다. 이때, 성령에 의해서 그리스도 안에 죄 용서함이 마련되어 있다는 것을 깨닫게 되어 그리스도에게로 나아간다. 이것이 믿음이다. 따라서 회개와 믿음은 동시성을 가지고 있다. 믿음과 회개의 순서를 시간상의 차이로 볼 수 없다.

2항은 회개에 있어 죄를 깨닫게 하는 율법의 기능을 말하고 있다. 그것은 율법의 제1기능이라고 부른다. 그러나 이것을 반대하는 도덕률폐기론주의자들은 회개에 있어서, 죄를 미워하고 슬퍼하는 것이 필요 없다고 주장한다. 이유는 율법을 통해서 죄를 깨닫는 것이 필요 없다고 생각하기 때문이다. 한편으로 2항은 로마가톨릭교회의 의식적 고해 성사는 회개가 아님을 분명히 하고 있다.

19세기로부터 일어난 성결운동에서의 회개 방법은 자기 스스로 죄를 생각해서 고백하고, 참회하는 것이다. 그러나 진정한 회개는 율법을 통해서 자신의 죄를 구체적으로 깨달아야 하며, 반드시 성령의 역사가 있어서 죄의 더러움을 보아야 한다. 다만 자신의 생각을 반추해서 하는 방식에서는 피상적 회개가 불가피하다.

현대 복음주의 교회의 예배에서 의식적 회개의 시간을 갖는 것은 회개를 이루시는 성령의 사역과 거리가 멀다. 성령의 사역은 죄를 드러내고, 통회하게 하며, 죄에서 떠나게 하는 것이지 의식적인 습관 속에서 기계적 고백이 아니다. 습관적으로 죄를 짓고, 기계적으로 의식적인 회개의 고백에 참여하고 있다면 그것은 거짓 회개이다(요일3:4).

더욱이 교회에서 회개의 증거와 열매가 보이지 않음에도 불구하고 세례를 베푸는 것은 교회의 경건을 무너트리는 것이다.

> **15.3.** 비록 회개가 죄를 위한 보상으로서 근거나 혹은 죄 용서에 대한 어떤 원인이 아니지만(겔36:31-32; 16:61-63)—이는 그리스도 안에 있는 하나님이 거저 베푸시는 은혜이다(호14:2,4; 롬3:24; 엡1:7)—모든 죄인들에게 회개는 필요하며, 이것이 없이 아무도 용서를 기대할 수 없다(눅13:3, 5; 행17:30-31).

회개가 조건이 되어서 용서를 받는 것이 아니다. 하나님의 은혜로 회개를 하는 것이기 때문이다. 그러나 하나님께서 죄인들에게 회개하라고 명령하셨기 때문에 회개는 모든 죄인의 의무이다. 이렇게 하나님께서 회개를 명령하시고 요구하시는 것은 죄인들이 자신들의 죄가 얼마나 크고 지독한 것을 깨닫게 하시기 위한 것이다.

로마가톨릭교회는 회개를 죄를 배상하는 행위로 보고, 죄를 지은 사람들이 고행이나 고해 성사를 통해 죗값을 치룰 수 있다고 주장한다. 이는 아직 자신들의 행위가 얼마나 악하고, 하나님의 의로우신 기준에 턱없이 부족하다는 것을 깨닫지 못한 것이다. 즉, 성령의 역사가 그들에게 없는 상태이다. 소시니안주의자들은 그리스도의 속죄를 믿지 않고, 인간의 회개가 속죄의 근거가 된다고 주장한다. 이 둘 모두는 오류이다.

15.4. 아무리 작은 죄라도 정죄받는다(롬6:23; 롬5:12; 마12:36). 또한 어떤 큰 죄일지라도 진정으로 회개하는 자에게는 정죄에 이르지 않는다(사55:7; 롬8:1; 사1:16, 18).

성령의 역사로 인하여 일어나는 회개에서의 특징은 죄에 대한 각성이다. 이때 죄인들이 자신의 가장 작은 죄일지라도 자신을 지옥에 보내기에 충분하다는 것을 깨닫고, 자신의 죄가 하나님을 대적했다는 사실에 두려워한다. 그러나 진정으로 회개하는 자는 산 같은 죄들이 그리스도 안에서 충분히 용서받을 수 있다는 확신을 가지고 그리스도에게로 가게 된다. 성령의 역사로 인하여 사죄의 확신을 얻게 되며, 더 이상 정죄의 두려움 가운데 있지 않게 된다.

15.5. 사람들은 일반적 회개로 만족해서는 안된다. 자신의 특정한 죄들을 각각으로 회개하기를 힘쓰는 것은 모든 사람의 의무이다(시19:13; 눅19:8; 딤전1:13, 15).

일반적인 회개는 죄의 고백에 있어서 구체적이지 않다. 진정한 회개가 되기 위해서는 율법을 통해서 자신의 죄를 구체적으로 깨달아야 한다. 일반적 회개는 죄의 고백이 있지만 죄에서 떠나지 않고 습관적으로 계속해서 죄를 짓고 있는 것을 말한다. 이는 진정한 회개가 아니다. 진정한 회개는 죄에서 떠나는 것이 반드시 있다.

그러나 현대 교회에서는 일반 회개와 진정한 구원에 이르는 회개를 구분하지 않는다. 더욱이 현대 복음주의 교회에서는 죄를 느낌으로 본다. 그래서 회개라는 것은 죄 의식의 느낌을 완화해주는 것으로 본다. 이러한 회개는 진정한 회개가 아니며, 일시적 회개에 불과하다. 결코 구원에 이르게 하는 생명의 회개가 아니다.

> **15.6.** 모든 사람은 자신의 죄를 개인적으로 하나님께 고백하고, 용서를 위해 기도해야 한다(시51:4, 5, 7, 9, 14; 시32:5, 6). 그리고 죄들을 버리면 자비를 발견하게 된다(잠28:13; 요일1:9). 비슷하게, 자신의 형제에게 혹은 교회에 죄를 지은 자는 사적으로나 혹은 공적으로 기꺼이 고백해야 하며, 자신의 죄를 슬퍼하고, 자신이 잘못한 자들에게 회개를 선언하고(약5:16; 눅17:3-4; 수7:19; 시51편), 피해자는 회개하는 자와 화해하고 사랑으로 그를 받아 주어야 한다(고후 2:8).

회개에 있어서 반드시 죄에 대한 고백과 죄의 용서를 위한 간구가 있어야 한다. 진정한 회개는 반드시 죄에서 떠나는 증거가 있어야 한다. 또한 믿음의 형제에 대해 지은 죄에 대해서는 형제에게 찾아가서 죄의 용서를 구해야 한다. 형제에게 손실을 끼친 경우에는 손실의 회복을 위해 수고해야 한다. 더욱이 교회에 대하여 지은 죄는 교회 앞에서 회개해야 한다. 아간이 이스라엘의 회중 앞에서 고백한 것과 같이 해야 한다. 물론, 교회는 교회 앞에서 공식적으로 회개한 자에 대해서 용서하고 사랑으로 받아들여야 한다.

6항의 설명으로부터 확인할 수 있는 오류는 로마가톨릭교회의 회개이다. 교황주의자들은 사제에게 죄를 고백하고 사면을 받는 것을 회개라고 하는데, 습관적 의식에 참여한 것뿐이지 결코 회개가 이루어진 것이 아니며, 용서함을 받은 것도 아니다. 자신의 죄의식만을 처리한 것에 불과하다.

제16장 선행

16.1. 선행은 오직 하나님께서 자신의 거룩하신 말씀에서 명령하신 것들뿐이며(미6:8; 롬12:2; 히13:21), 성경의 근거 없이 맹목적 열심 혹은 선한 의도를 가장하여 (마15:9; 사29:13; 벧전1:18; 롬10:2; 요16:2; 삼상15:21-23) 사람이 고안한 것들은 (선행이) 아니다.

선행은 하나님의 말씀에서 명령한 것들과 계명을 따르고 지키는 것이다. 인간들이 자의적으로 행한 것이나 도덕적 개념에서의 선행이 아니다. 인간적 관점에서의 선행은 외적인 것이지만, 하나님 말씀에서의 선행은 내용상으로나 형식상으로도 선해야 한다. 따라서 선행은 진정한 믿음을 가지고 하나님의 말씀을 지키려고 애쓸 때 나오는 것이다.

로마가톨릭에서의 선행은 인간적이며, 맹목적인 것이다. 그 이유는 하나님의 말씀에서 요구하는 것보다 로마 교회가 요구하는 것에 따르는 것을 선행이라고 보기 때문이다. 더욱이 그들이 드리는 예배는 우상적인 것이며, 인간이 고안해 낸 것으로서 결코 선행이 될 수 없다. 열광주의자들이 선한 의도를 가장하여 선행에 열심을 내지만 지식이 결여된 것으로서 결코 선행이 될 수 없다. 방종주의자들(libertines)도 선행의 기준이 개인 자신에게 있기 때문에 선행이 될 수 없다.

> **16.2.** 하나님의 계명들에 대한 순종으로 이루어진 이러한 선행들은 참되고 살아 있는 믿음의(약2:18, 22) 열매와 증거들이며, 이것으로 신자들은 감사를 나타내며(시116:12, 13; 벧전2:9), 확신을 강하게 하고(요일2:3, 5; 벧후1:5-10), 형제들을 세우며(고후9:2; 마5:16), 복음의 고백을 아름답게 장식하고(딛2:5, 9-12; 딤전6:1), 대적자들의 입을 막으며(벧전2:15), 하나님을 영화롭게 한다(벧전2:12; 빌1:11; 요15:8). 그들은 하나님의 만드신 바요, 선행들을 위해 그리스도 예수 안에서 지으심을 받았다(엡2:10). 그래서 그들은 거룩함에 이르는 열매를 맺고, 마지막에는 영원한 생명을 얻을 것이다(롬6:22).

선행의 전제 조건은 성령의 역사로 갱신되어서, 의롭게 된 자이어야 한다. 믿음으로 의롭게 된 자는 성령께서 거룩한 성향을 심령에 심어 놓은 상태이기 때문에 반드시 그 증거와 열매가 나타나게 되는데, 그것이 선행이다. 구원의 믿음을 가지는 자는 구원받을 만한 어떤 행위나 공로가 없다는 것을 인정하고, 구원의 은혜에 대해 감사하여 계명을 지키게 된다. 따라서 신자의 선행은 참되고 살아 있는 믿음의 열매와 증거들로서, 구원의 은혜가 자신에게 있다는 것을 모든 사람에게 증거하는 것이다. 신자의 선행은 믿음의 확신을 굳게 하고, 형제에게 덕을 세운다. 또한 신자의 선행은 실천적 경건으로 나타남으로, 진리에 대해 반대하는 자들을 부끄럽게 만들며, 심지어 하나님을 모르는 자들로 하나님이 살아계심을 인정하게 하는 것이다. 주께서 구원하시는 목적이 신자에게 선행이 있게 하는 것이며, 성령께서도 개인적으로 신자들에게 선행을 하도록 격려하신다.

따라서 믿음으로 의롭게 되었으면 다 되었다고 말하면서 신자의 행위를 무시하는 도덕률폐기론주의와 방종주의자들은 오류이다. 오류의 가르침들이 교회에 들어오게 되면 경건의 능력을 상실하게 된다.

16.3. 신행을 할 수 있는 능력은 결코 그들 자신들로부터 나온 것이 아니라 전적으로 그리스도의 영으로부터 나온다(요15:4-6; 겔3:26-27). 그리고 그들로 선행이 가능하게 하기 위해서 그들이 이미 받은 은혜들 외에 그의 기뻐하시는 것을 작정하고 행하도록 그들 속에서 일하시는 동일한 성령의 실제적 감화가 반드시 요구된다(빌2:13; 빌4:13; 고후3:5). 그러나 이 진리는 마치 성령의 특별한 역사가 없다면 어떤 의무를 행할 의무가 없는 것처럼 신자들로 태만하게 만들지 않는다. 오히려 그들 속에 있는 하나님의 은혜를 활발하게 하는 것에 부지런해야 한다(빌2:12; 히6:11, 12; 벧후1:3, 5, 10, 11; 사64:7; 딤후1:6; 행26:6, 7; 유20, 21).

신자가 선행이 가능한 것은 그에게 구원의 은혜가 적용될 때, 성령께서 이미 그 심령에 거룩한 성향 혹은 영적 습관을 형성시켜 놓으셨기 때문이다. 따라서 거듭나게 되면 반드시 거룩한 행실이 나오게 된다. 그리고 의롭게 된 이후에 성령께서 내주하셔서 그 영혼을 계속해서 거룩하게 하시기 때문이다. 물론 거듭났다 할지라도 그 영혼에 부패성이 잔존하기 때문에 성령께서 계속해서 거룩하게 하시는 작업을 하신다. 따라서 은혜의 수단 아래에서 성령의 감화를 계속해서 받아야 한다. 그 이유로서 하나님께서 자신이 거룩하니 우리도 거룩하라고 명령하셨다. 우리가 거룩하려고 애써야 한다. 그러나 거룩하려고 애쓸 때, 우리에게 능력이 없음을 깨닫게 되고, 결국 성령의 도우심이 필요하다는 것을 알게 되어 구하게 된다. 따라서 진정한 은혜가 있는 자는 성령의 도우심과 감화를 계속해서 구하게 된다.

그러나 펠라기우스주의자들은 인간의 의지의 능력으로 하나님의 율법이 요구하는 것을 행할 수 있다고 주장하며, 알미니안주의자들은 선행이 성령의 감화가 아니라 하나님의 도덕적 원인과 영향으로부터 온다고 주장한다. 결국 이들의 주장들은 선행을 위한 성령의 감화와 영향을 부정하는 것으로서, 오류들이다. 한편으로 죄 용서함을 받은 이후에 선행이 있어야 의롭게 된다고 주장하는 웨슬리와 바울의 새 관점은 잘못된 가르침이다.

퀘이커주의자들은 성령께서 신자에게 의무를 촉발시키지 않는 한 선행을 할 필요가 없다고 주장한다. 이러한 주장은 오늘날에도 쉽게 발견할 수 있다. 도덕률폐기론주의자들과 하이퍼 칼빈주의는 행위가 아니라 믿음으로 구원받았기 때문에, 구원 이후에 행위가 필요 없다고 주장하고 있는데, 잘못된 가르침이다. 또한 열광주의자들은 거룩한 행실이 없다 하더라도 그것은 성령의 사역이기 때문에 자신들에게 어떤 책임도 없다고 생각하는데, 이것은 지독한 오류이다.

16.4. 그들이 이 세상의 삶에서 가능한 가장 높은 순종을 획득하였다 할지라도 하나님이 요구하시는 의무 이상으로 할 수 있는 것이 아니며, 하나님이 요구하시는 것보다 많이 행한 것도 아니다. 그들은 자신들이 해야 할 의무에 한없이 부족하다(눅17:10; 느13:22; 욥9:2, 3; 갈 5:17).

의롭게 된 이후에 신자의 행위가 공로가 될 수 없다. 신자의 행위는 여전히 부족하고, 불완전하며, 그것을 근거로 상을 받는 것도 아니다. 오직 하나님께서 부족한 행위를 은혜로 받아주셔서 상을 베푸시는 것이다. 따라서 신자는 행위가 있다 할지라도 그것을 내세울 수도 없으며, 자신의 행위에 대해서 공로로 주장할 수도 없다.

로마가톨릭교회는 공로를 쌓는 행위에 대한 가르치며, 중생한 자는 율법이 요구하는 것은 완전하게 행할 수 있다고 주장한다. 퀘이커주의자들은 중생한 자들의 선행이 영생에 공로가 된다고 주장하는데 오류이다. 바울의 새 관점에서는 믿음 이후에 교회에서 율법을 지킨 것의 여부에 따라 의롭게 된다고 가르치는데 이것 역시 오류이다.

16.5. 우리는 우리의 최고의 행위로 하나님의 손에 있는 죄의 용서나 영원한 생명을 얻을 만 하지 못하다. 그 이유는 우리의 최고의 행위와 장차 올 영광 사이의 차이는 너무 크기 때문이며, 그리고 우리와 하나님 사이가 무한한 거리에 있기 때문이다. 우리는 우리의 최고의 행위로 하나님에게 유익되게 할 수 없으며, 과거의 죄의 부채를 갚을 수도 없다(롬3:20; 롬4:2, 4, 6; 엡2:8-9; 딛3:5-7; 롬8:18; 시16:2; 욥22:2-3; 욥35:7-8). 우리가 할 수 있는 모든 것을 다하였을 때, 다만 우리의 의무를 행한 것이며, 무익한 종들에 불과하다(눅17:10). 왜냐하면 행위가 선한 것은 그것이 성령으로부터 나왔기 때문이며(갈5:22, 23) 우리에 의해 행하여진 것은 많은 약점과 불완전한 것이 섞여 있어 오염된 것이다. 그것들은 하나님의 엄중한 심판을 견딜 수 없다(사64:6; 갈5:17; 롬7:15, 18; 시143:2; 시130:3).

신자의 행위와 성화가 불완전한 것은 심령 안에 여전히 부패성이 있기 때문이다. 신자가 아무리 큰 선행을 하였다 하더라도 불순물이 들어가 있다. 죄로 오염되어 있기 때문이다. 따라서 신자의 행위가 하나님에게 유익을 주는 것도 아니며, 하나님의 공의를 온전히 만족시킬 수 있는 것도 아니다. 우리의 행위에 선한 것이 있다면 그것은 우리에게로 돌려질 것이 아니라 성령께 돌려야 한다. 따라서 신자가 최선을 다하여 선행을 하였다 할지라도 무익한 종이 해야 할 것을 한 것뿐이라는 고백이 반드시 있어야 하며, 때로는 자신의 행위를 은혜에 기인한 것으로 돌리고 기억조차도 하지 않는 것이다. 그러나 알미니안주의에서는 용서함 받은 이후에 행위가 구원의 근거가 되기 때문에, 자신의 행위를 크게 생각하고, 그것에 근거해서 교만함에 쉽게 빠질 수 있게 만든다.

> **16.6.** 그럼에도 불구하고, 신자들이 그리스도를 통해서 받아들여졌기 때문에 그들의 선행도 또한 그리스도 안에서 받아들여진다(엡1:6; 벧전2:5; 출28:38; 창4:4; 히11:4). 선행이 받아들여지는 것은 신자들이 이 세상에서 하나님 보시기에 흠이 없고 책망받을 것이 없어서가 아니며(욥9:20; 시143:2), 하나님이 자신의 아들 안에서 행위들을 보시고 많은 약점과 불완전함을 가지고 있음에도 불구하고(히13:20-21; 고후8:12; 히6:10; 마25:21, 23), 신실한 행위로 받아주시고 상 주시기를 기뻐하시기 때문이다.

신자들의 행위는 공로가 될 수 없지만, 그리스노를 통해서 하나님으로부터 인정을 받는다. 그리스도 안에서 받아지는 것이다. 그리스도는 우리를 위해 중보하시는 대제사장이시며, 하나님은 우리의 행위를 그리스도 안에서 받아주신다. 이는 신자로 선한 행위를 하는 것에 도전을 주는 것이다. 그러나 인간의 행위에 강조를 둔 상급론은 잘못된 가르침이다. 다만 '신자의 선행에 대해서 하나님께서 상을 주신다'고 말해야 한다.

16.7. 거듭나지 않은 사람들의 행위가 비록 하나님이 명령하신 것을 행한 것이며, 다른 사람들에게 유익을 주는 것일지라도(왕하10:30-31; 왕상21:27, 29; 빌1:15, 16, 18) 믿음으로 깨끗해진 마음에서 나온 것이 아니며(창4:5; 히11:4, 6) 말씀에 따라 바른 방식으로 행해지지 않았고, 바른 목적, 즉 하나님의 영광을 위해 한 것이 아니기 때문에(마6:2, 5, 16) 그것들은 죄악이 되고, 하나님을 기쁘시게 할 수 없고, 하나님으로부터 은혜를 받기에 합당한 사람으로 만들 수 없다(학2:14; 딛1:15; 암5:21-22; 호1:4; 롬9:16; 딛3:5). 그러나 선한 행위를 무시하는 것은 더욱 죄악이 되며, 하나님을 불쾌하게 하는 것이다 (시14:4; 시36:3; 욥21:14, 15; 마25:41-43, 45; 마23:23).

거듭나지 않은 자들의 행위들은 인간의 관점에서 최상으로 보일지라도 그것은 죄악에 오염된 것이며, 하나님의 영광이 목적이 아니고, 하나님의 계시된 뜻과 상관없는 것이기 때문에 죄악에 불과하다. 그러나 교황주의자들은 거듭나지 않은 자들의 선행이 구원에 공로가 된다고 주장한다.

제17장 성도의 견인

> **17.1.** 하나님이 그의 사랑하시는 자 안에서 받으신 자들을 유효하게 부르시며, 성령으로 거룩하게 하셨다. 그들은 결코 완전히 혹은 최종적으로 은혜의 상태에서 떨어져 나갈 수 없으며, 그 안에서 마지막까지 확실히 견디고, 영원히 구원받는다(빌1:6; 벧후1:10; 요10:28-29; 요일3:9; 벧전1:5, 9).

1항에서 성도의 견인을 성령의 유효한 부르심과 연결하여 설명한다. 이는 그리스도와의 연합에서 성도의 견인교리를 말하기 위한 것이다. 성령께서 유효하게 부르시는 가운데 거룩한 성질을 심령에 심어 두셨으며, 성령께서 그것을 확장하게 하시는 사역으로 인하여 결코 은혜의 상태에서 완전히 그리고 최종적으로 떨어져 나갈 수 없다. 따라서 진정으로 회심한 자에게 성도의 견인이 적용된다. 진정한 신자는 결코 타락에 이르지 않는다. 이는 하나님 아버지의 선택과 아들의 구속 사역이 성령에 의해 이미 적용되었기 때문이다. 그리고 그리스도의 간구와 성령의 끊임없는 내주하심이 있기 때문이다. 결국 성도의 견인은 유효한 부르심으로 인하여 그리스도 안에 있는 자들에게 적용되는 것이다. 신자는 하나님의 은혜로 보전(preserved)될 뿐만 아니라 믿음으로 마지막까지 지속해야(persevere) 하는 것이다.

성도의 견인에 대한 가르침은 명목적 신자들과 형식적인 위선자들에게는 적용되지 않는다. 그럼에도 불구하고, 알미니안주의자들은 신자 스스로가 믿음을 지켜서 견인하는 것이라고 말하며, 참된 신자라도 타락할 수 있다고 가르친다. 또한 교황주의자와 소시니안주의자, 퀘이커주의자들 모두 신자가 완전히 그리고 최종적으로 타락할 수 있다고 주장한다. 이렇게 성도의 견인 교리를 반대하는 것은 성령의 유효한 부르심과 그리스도와의 연합교리를 받아들이지 않기 때문이다.

세대주의에서 '육신적 그리스도인(carnal Christian)'이란 용어를 사용하고, 복음주의에서도 '세상적인 그리스도인(worldly Christian)'이라는 용어를 사용하면서 구원받은 자들로 여기고 있다. 이는 그리스도를 고백하지만 여전히 육신적이며, 세상적인 사람들로서 구원의 은혜가 있는 자들이 아니다. 이러한 자들은 결국 타락할 수밖에 없다.

17.2. 성도들의 이러한 견인은 자신들의 자유의지에 달려있는 것이 아니라, 아버지 하나님의 값없고 변치 않는 사랑으로부터 나오는 불변의

> 선택의 작정과(딤후2:18-19; 렘31:3) 예수 그리스도의 공로의 효력과 중보 사역과(히10:10, 14; 히13:20-21; 히9:12-15; 롬8:33-39; 요17:11, 24; 눅22:32; 히7:25) 계속적인 성령의 임재와 그들 속에 있는 하나님의 씨의 거하심과 (요14:16-17; 요일2:27; 요일3:9) 은혜언약의 본질에 달려있다(렘32:40). 이것들은 그들의 견인의 분명함과 절대적 확실성의 근거들이다(요10:28; 살후3:3; 요일2:19).

성도의 견인에 있어서 인간의 책임부분은 끝까지 견디는 것이다. 이것은 인간의 의지에 의존해서 되는 것이 아니고 신자가 끝까지 견디고자 애쓸 때, 자신에게 능력이 없다는 것을 인정하게 되어서, 결국 하나님의 은혜를 의지할 수밖에 없다. 따라서 성도의 견인의 근거는 하나님 아버지의 선택의 불변함, 그리스도의 공로와 중보 사역, 성령의 거하심, 은혜언약의 본질에서부터이나. 구원이 절대적으로 하나님의 주권에 달려 있음을 증거한다. 한편으로 성도의 견인에서 인간의 책임이 있다. 수고하고 애써야 한다. 이러한 책임은 인간이 능력이 있어서 요구하는 것이 아니라, 인간이 무능하고 연약하다는 것을 깨닫게 해서 은혜 안에 머물게 하는 수단이다. 따라서 그리스도 안에서 끝까지 보전되는 것은 확실한 것이다.

알미니안주의자들은 견인이 인간의 의지에 달려 있다고 주장하는데, 오류이다. 알미니안주의의 반대 극단인 도덕률폐기론주의이다. 이 가르침에서는 성도의 견인이 하나님의 주권에 달려 있다고 하면서 자신을 죄에 방임하고 있다. 이러한 상태의 교인은 아직 신자가 아니다. 또한 성도의 견인교리를 남용하여, 자신이 죄를 짓고 있는 가운데에도 자신이 구원받았다고 말한다. 이는 자기 스스로의 거짓 확신에 불과하다. 18세기의 하이퍼 칼빈주의자들은 성도의 견인 교리를 남용하여, 자신들이 죄를 지으면서도 구원받는다고 말하는데, 오류이다.

> **17.3.** 그럼에도 불구하고 그들은 사탄과 세상의 유혹들과 그들 속에 남아 있는 부패성의 우세함과 그들을 보존하는 수단들을 무시함으로 무거운 죄에 빠지며(마26:70, 72, 74), 한동안 그 가운데 있다(시51:14). 이렇게 함으로서, 그들은 하나님을 불쾌하게 하고(사64:5, 7, 9; 삼하11:27), 그의 성령을 근심시키고(엡4:30) 어느 정도의 하나님의 은혜들과 위로들을 빼앗기고(시51:8, 10, 12; 계2:4; 아5:2, 4, 6) 굳어진 마음을 가지게 되며(사63:17; 막6:52; 막16:14) 그들의 양심들은 부상 입으며(시32:3, 4; 시51:8) 상처당하고, 다른 사람들에게 해를 입히고(삼하12:14) 그들 자신에게 일시적인 심판을 가져온다(시89:31-32; 고전11:32).

3항에서는 신자에게 적이 세 가지가 있음을 분명히 하였다. 신자를 항상 공격하는 것은 사탄과 세상과 신자 안에 남아 있는 부패성이다. 이 세 가지는 신자로 죄를 짓도록 항상 유혹한다. 따라서 신자는 은혜의 수단을 계속해서 사용해야 한다. 그러나 은혜의 수단을 소홀히 하게 되면 죄를 짓게 된다. 또한 신자는 얼마 동안 죄 가운데 빠져 있을 수 있다. 곧바로 하나님께서 건지실 수도 있지만, 그 가운데 내버려 두시기도 한다. 죄의 지독함과 심각성을 깨닫게 하신 방법이기도 하다. 더욱이 신자는 죄에 빠져 영적으로 퇴보된 상태에 이를 수 있다. 이것은 성령을 근심시키는 일이며, 하나님의 은혜와 위로에서 자신을 멀리한 것이다. 이러한 경우 하나님은 그들로 회개를 이루게 하기 위하여 일시적 심판을 행하시며, 하나님의 징계를 통해서 회개하고 영적 갱신을 가지게 된다.

이때 하나님의 진정한 백성은 타락에까지 이르는 죄를 짓지는 않는다. 그러나 만약에 신자라고 하면서 타락하는 것에 이르게 되었다면, 그는 처음부터 신자가 아니었다. 위선자이었다. 위선자로서 은혜의 모습을 하고 있다가 은혜가 없음으로 인하여 결국 타락하고 만 것이다. 히브리서 6장 4-6절의 경우는(한 번 빛을 받고 하늘의 은사를 맛보고 성령에 참여한바 되고, 하나님의 선한 말씀과 내세의 능력을 맛보고도 타락한 자들은 다시 새롭게 하여 회개하게 할 수 없나니 이는 그들이 하나님의 아들을 다시 십자가에 못 박아 드러내 놓고 욕되게 함이라) 성령의 은사를 소유하고 타락한 자의 경우이며, 처음부터 구원의 은혜가 없었던 경우이다. 성령의 은사는 성령의 일반사역으로부터 오는 것이며, 구원의 은혜와는 구별된다. 3항의 설명으로부터 진정한 신자도 타락할 수 있다고 말하는 알미니안주의는 오류임을 알 수 있다.

제18장 구원의 확신

18.1. 비록 위선자들과 다른 거듭나지 못한 자들이, 자신들이 하나님의 은혜와 구원의 상태에 있다는 거짓 소망과 육신적 추정으로 자신들을 헛되이 속일지라도(욥8:13-14; 미3:11; 신29:19; 요8:41), 이 소망은 소멸될 것이다(마7:22-23). 그럼에도 불구하고 주 예수를 진실히 믿으며, 신실히 그를 사랑하고, 주 앞에서 모든 선한 양심 가운데 살아가기를 힘쓰는 자들은 이 세상에서 그들이 은혜의 상태에 있다는 것을 분명히 확신할 수 있으며(요일2:3; 요일3:14, 18, 19, 21, 24; 요일5:13), 하나님의 영광의 소망 가운데 기뻐할 수 있는데, 그 소망은 결코 그들을 부끄럽게 만들지 않을 것이다(롬5:2, 5).

웨스트민스터 신앙고백서 17장과 18장은 긴밀하게 연결되어 있다. 17장이 성도의 견인과 구원의 확실성을 다루고 18장에서는 우리의 구원을 어떻게 확신할 수 있는가이다. 17장에서는 몇몇 그리스도인들이 잠시 동안 떨어져 나가는 것에 대해 경고하고 있으며, 18장에서는 가장 나쁜 경우인 위선자와 거듭나지 않은 자들에 대해서 언급하고 있다.

1항에서 위선자라는 용어는 구원의 은혜 없이 구원의 은혜가 있는 척하는 자들을 의미한다. 이들은 중생하지 않은 자들로서 자신 스스로의 거짓 구원의 확신을 가지고 있는데 자신을 속이고 있는 상태이며, 결국 그들은 구원받지 못한다는 것이다. 거짓 구원의 확신은 육신적인 행위와 생각에 근거한다. 거짓 구원의 확신은 아주 교묘하여서 자신을 속이고, 다른 사람을 속인다.

그러나 진정한 구원의 은혜에 있는 자들은 성령의 유효한 역사로 인하여 자신의 구원에 대해서 확신할 수 있다. 진정한 구원의 확신에 대한 근거는 구원을 약속하신 하나님의 진실성을 믿으며, 약속으로 주어진 은사들이 마음속에서 증거하기 때문이다. 특별히 성령께서 우리의 영에 우리가 하나님의 자녀임을 증거하시기 때문이다. 진정한 구원의 확신을 가지고 있는 자들의 특징은 그리스도를 믿으며, 사랑하고, 선한 양심을 가지고 행하기를 힘쓰는 모습으로 나타난다. 구원의 확신과 양심과의 관계를 윌리엄 퍼킨스 이후로부터 청교도들은 강조하였다. 거듭난 양심 가운데 행하고자 하는 것이 구원의 확신을 점검해 볼 수 있는 것이다.

1항의 설명에 반하여서 로마가톨릭교회는 현세에서는 특별한 계시가 따로 주어지지 않는 한 구원받았을 것이라는 추측이나 신념을 뛰어넘는 확신은 불가능하다고 가르친다. 또한 알미니안주의자들은 자신들의 종교적 행위를 근거로 해서 구원의 확신을 가지는데, 끝까지 믿음을 지키면 구원을 받게 될 것이라는 생각 외에 더 큰 구원의 확신을 갖는 것은 불가능하다고 주장한다. 그러나 알미니안주의자들의 이러한 구원의 확신은 추측에 불과한 것이다. 한편으로 도덕률폐기론주의자들은 '한번 구원은 영원한 구원(once saved, always saved)'이라고 하면서 자신이 신앙 고백을 한 근거로 하여 구원받았다고 확신하는데, 이것도 잘못된 구원의 확신이다. 그런데 오늘날의 복음주의 교회 내에서는 양 극단의 오류인, 알미니안주의와 도덕률폐기론주의가 공존하는 경우가 있다. 로버트 틸만 켄달(Robert Tillman Kendall)은 그리스도를 받아들이는 영접부분은 알미니안주의를 따르고, 구원의 믿음 이후는 '한번 구원, 영원한 구원'이라고 하면서 도덕률폐기론을 따라간다. 한국 교회 안에서도 전도에서 결단을 강조하고, 결단 후에 인간적 구원의 확신을 주기 위해서 켄달의 신학 구조를 따르는 자들이 있다.

18.2. 이 확실성은 단지 추정적이며, 잘못된 소망에 근거한 그럴듯한 신념이 아니라(히6:11, 19), 확실한 믿음의 확신인데, 구원의 약속들의 신적 진리와(히6:17-18), 약속된 것에 대한 은혜의 내적 증거들(벧후1:4, 5, 10, 11; 요일2:3; 요일3;14; 고후1;12), 우리의 영들과 함께 우리가 하나님의 자녀라는 것에 대한 양자의 영의 증거(롬8:15-16)에 기초한다. 성령은 우리 유업의 보증이신데, 우리는 구속의 날을 위하여 성령에 의해 인침을 받았다(엡1:13, 14; 엡4:30; 고후1:21, 22).

구원의 확신은 자기 스스로 확신을 갖는 것이 아니며, 하나님께서 성령의 인치심으로 자신의 소유된 것을 증거하시고 우리의 심령 안에 성령을 두셔서 구속의 날까지 우리의 구원을 보장하시는 것이다(엡 1:13, 14; 4:30). 특별히 하나님의 말씀 속에서의 약속들과 은혜들의 내적 증거와 성령의 증거에 의해서 확신을 얻는 것이며, 성령께서 우리의 영과 더불어 하나님의 자녀인 것을 증거하시는 것이다(롬8:15). 따라서 구원의 확신은 철저히 성령의 사역에 의한 것이다.

구원의 확신에 대한 오류들은 여러 가지가 있다. 알미니안주의자들은 자신들이 구원받았다고 하는 생각을 믿는 것을 구원의 확신이라고 하는데, 이는 스스로의 신념에 불과한 것이다. 퀘이커주의자들은 성령의 즉각적인 계시나 암시에 의해서 확신을 얻는 것이라고 하였다. 이는 오류로서, 18-19세기에는 환상주의자(fanaticism)과 열광주의(enthusiasm)가 이러한 성향을 따라갔으며, 20세기 후반부터 일어난 신사도운동이 여기에 해당된다. 현대 복음주의자들은 대부분 알미니안주의를 추종하는 자들로서 자신의 신념을 구원의 확신으로 여기며, 현대 상담학에서는 심리적으로 확신을 주는 방법을 사용하고 있다.

18.3. 이 확실한 확신은 믿음의 본질에 속한 것이 아니며, 참된 신자라도 확신에 이르기까지 오래 기다리며, 많은 어려움과 싸울 수 있다(요일5:13; 사50:10; 막9:24; 시88:1-18; 시77:1-12). 그러나 성령으로 하나님께서 거저 주신 것들을 알게 하심으로 특별한 계시 없이

> 일반적 수단의 바른 사용으로 이 확신을 얻을 수 있다(고전2:12; 요일 4:13; 히6:11, 12; 엡3:17-19). 따라서 부지런하여 자신의 부르심과 선택을 확실히 하는 것은(벧후1:10) 모든 자의 의무이다. 이 같은 부지런함으로 그의 마음은 성령 안에서 평화와 기쁨 가운데, 하나님에 대한 사랑과 감사 가운데, 순종의 의무 가운데 힘과 즐거움으로 넓어진다(롬5:1, 2, 5; 롬14:17; 롬15:13; 엡1:3-4; 시4:6, 7; 시119:32). 이것은 확신의 열매들이다. 따라서 이것은 영적 부주의로 기울어지는 것으로부터 먼 것이다(요일2:1, 2; 롬6:1, 2; 딛2:11, 12, 14; 고후7:1; 롬8:1, 12; 요일3:2-3; 시130:4; 요일1:6-7).

3항에서 구원의 확신이 믿음의 필수적 본질이 아니라는 것은 진정한 신자라도 이 확신이 없을 수 있으며, 확신이 흔들리거나 약해지거나 중단될 수 있다는 것이다. 신자는 오랫동안 기다리거나 많은 어려움을 통해서 구원의 확신에 도달할 수도 있다. 그러나 기도와 말씀을 읽고 듣는 일반적인 수단을 사용함으로써, 확신을 얻을 수 있는데, 성령께서 통상적으로 사용하시는 수단들이기 때문이다. 만약에 신자가 구원에 대해서 확신이 없다면, 하나님의 말씀의 설교를 더욱 집중해서 들어야 하며, 기도해야 한다.

한편으로 신자가 세상에 가까이 가서 산다거나 은혜의 수단에서 게으르거나 어떤 특정한 죄에 빠지거나 강렬한 시험을 받거나 때로는 하나님께서 은혜를 잠시 거둘 때 확신을 잃어버릴 수 있다. 이러한 경우 주의 징계를 통하여 회개하게 하여서 갱신하여 구원의 확신을 회복하게 하신다. 따라서 신자는 택하심과 부르심을 확실히 하기 위해 경건에 힘써야 한다. (벧후1:10) 그리고 구원의 확신은 죄에 대한 방종이 아니라, 영적으로 더욱 주의를 기울이게 한다.

그러나 도덕률폐기론주의자들은 '한번 구원은 영원한 구원'이라고 하면서 이미 구원받았으니 천국에 들어가는 것에 아무 문제가 없다고 하여 계명을 무시하면서 방종의 삶과 영적 부주의 가운데 있는데 이는 오류이다. 또한 하이퍼 칼빈주의자들이 예정론을 남용하여, 세상과 육신 가운데 살면서 자신이 구원받는다는 거짓 확신을 가지고 있는데, 명백한 오류이다.

18.4. 진정한 신자들도 구원의 확신이 여러 방식으로 흔들릴 수 있으며, 감소되며, 다양한 방식에서 일시적으로 잃어버릴 수 있는데, 확신을 유지하는 것을 무시하거나, 양심에 상처를 주고 성령을 근심시키는 어떤 특정한 죄에 빠지거나, 갑작스럽고 격렬한 유혹과 하나님께서 자신의 얼굴의 빛을 거두신 것과 하나님을 경외하였던 자로 빛이 없이(아 5:2, 3, 6; 시51:8, 12, 14; 엡4:30, 31; 시77:1-10; 마26:69-72; 시31:22; 시88:1-18; 사50:10) 어두움에 걸어가도록 허용하신 것에 의해서이다. 그러나 진정한 신자들은 하나님의 씨와 믿음의 생명과 그리스도와 형제를 사랑하는 것과 신실한 마음과 의무에 관한 양심을 완전히 빼앗기지 않으며, 정한 때에 성령의 사역에 의해 이 확신은 다시

> 살아날 것이다(요일3:9; 눅22:32; 욥13:15; 시73:15; 시51:8,12; 사 50:10). 그리고 그렇게 되기까지 성령의 역사에 의하여 완전한 절망에 빠지지 않도록 지원받는다(미7:7-9; 렘32:40; 사54:7, 10; 시22:1, 시 88:1-18).

흔들리지 않는 구원의 확신이 믿음의 본질에 속한 것은 아니다. 따라서 진정한 신자들도 두려움과 의심에 사로잡혀 구원의 확신을 가지지 못할 수 있으며 구원의 확신을 잃어버릴 수 있다. 은혜의 수단에서 게으르거나 성령을 근심시키는 특정한 죄를 짓거나 유혹에 자신을 내놓을 때이다. 또한 진정한 신자라도 은혜의 수단에서 멀어질 때, 하나님께서 그들을 내버려 두시기도 하고 어두움의 고통을 겪게 하신다. 이때 그들은 하나님께서 자신들에게 은혜를 베푸시지 않는다는 생각을 한다. 육체의 질병이나 계속되는 어려움들로 인하여 구원의 확신을 잃어버릴 수 있다. 하나님이 자신의 백성의 죄를 고치기 위한 징계하시는 가운데, 신자는 구원의 확신을 잃어버릴 수 있다.

신자가 구원의 확신을 잃어버렸을지라도 구원의 은혜를 잃어버린 것은 아니다. 은혜로운 영적 습관이나 성향을 완전히 상실한 것이 아니다. 결국 성령에 의해서 적절한 때에 회복된다. 하나님께서 갱신의 은혜를 베푸셔서, 성령의 역사로 다시 회개시키시는 역사이다. 따라서 신자가 완전한 절망에 빠져서 자신의 목숨을 끊는 일은 일어나지 않는다. 심령 안에 은혜의 성향이 새겨져 있으며, 내적인 성령의 도우심이 있고, 외적으로 돕는 수단들이 있기 때문이다. 더욱이 진정한 신자라면, 결정적이며 특정적인 죄에 빠져서 그리스도로부터 완전히 그리고 최종적으로 떨어져 나가는 일은 없다. 왜냐하면 성령의 중생의 사역으로 인하여 거룩한 씨가 심령에 심겨져 있으며, 하나님께서 시작하신 구원의 은혜를 완성하시기 때문이다(빌 1:6).

4항의 설명으로부터 분별되는 오류는 도덕률폐기론주의이다. 이들은 믿음을 구원의 확신 자체로 본다. 따라서 과거에 믿는다고 고백했다면 그것 자체가 구원의 확신이라는 생각을 하고 있다. 자신 스스로의 고백을 의지하여 구원의 확신을 갖는 것이다. 따라서 도덕률폐기론주의자들은 스스로의 구원의 확신을 가지고 율법을 어기는 일을 자행한다. 자신에게 구원의 확신이 있다고 하면서 자신을 죄에 방임하는 자들에게는 구원의 은혜가 없다. 이것은 1항에서 설명한 위선자들의 자기 스스로의 거짓된 확신(self wrong assurance)이다.

그리스도인의 생활론

제19장 하나님의 율법

19.1. 하나님은 행위언약의 형태로 아담에게 율법을 주시어 그것으로 아담과 그의 후손에게 개인적으로, 전적으로, 정확하게 영구적인 순종의 의무를 부과하셨다. 하나님은 아담이 율법을 지키면 생명을 주시겠다고 약속하셨고, 율법을 어기면 죽게 될 것을 경고하셨다. 더욱이 하나님은 아담에게 율법을 지킬 수 있는 힘과 능력을 부여하셨다(창1:26, 27; 창2:17; 롬2:14, 15; 롬10:5; 롬5:12, 19; 갈3:10, 12; 전7:29; 욥28:28).

하나님은 아담을 도덕적 자율성을 가진 존재로 창조하시고, 율법을 주시어 행위의 규칙으로 삼게 하셨다. 이 율법을 통해 하나님과 인간 사이에 필연적으로 도덕적 관계가 성립되었다. 물론 이 율법은 외적으로 명문화된 것은 아니었다. 하나님께서 인간의 양심에 말씀하신 것이다. 바울은 이것을 그들의 마음에 율법을 기록하신 것으로 설명하였다(롬2:14, 15). 이것은 아담의 삶을 인도하는 것이었다. 그리고 이것은 인류에 대해 하나님의 선물이었다. 이는 도덕법으로서 하나님의 뜻을 담은 도덕적 행위의 기준이자 규칙이었기 때문이다. 따라서 아담의 모든 후손에게도 적용된다.

이 율법은 언약적 형태를 가졌고 규칙을 규정하고 있으며, 언약을 어길 경우 죽음이 있음을 말하였다. 아담이 이 율법을 어기면 후손에게도 죽음이 임하게 된다. 행위언약 아래에 있는(거듭나지 않은) 모든 사람은 자신의 행위로 구원을 이루려고 노력한다. 타락한 아담도 은혜언약이 주어지기 전에는 자신의 행위로 죄에 대한 수치를 가리려고 하였다. 이 세상의 모든 거짓 종교는 행위로 구원을 얻으려고 하는 이유가 여기에 있다. 이 법에 순종하는 한 영생할 수 있지만, 불순종하는 경우 죽음의 형벌이 주어진다. 물론 인간에게 의와 거룩함과 지혜를 주셨기 때문에 이 법을 능히 지킬 수 있었다.

> **19.2.** 이 법은 아담이 타락 후에도 계속해서 의의 완전한 규칙이었고, 이는 시내 산에서 하나님에 의해 두 돌판에 새겨진 십계명으로 주어졌는데(약1:25; 약2:8, 10-12; 롬13:8, 9; 신5:32; 신10:4; 출34:1) 처음 4개의 계명들은 하나님께 대한 우리의 의무를, 나머지 여섯은 사람에 대한 우리의 의무를 담고 있다(마22:37-40).

사람이 타락한 후에도 이 율법은 의의 완전한 규칙이었다. 따라서 가인의 경우 자신이 하나님을 올바르게 예배해야 하는 것을 이미 알고 있었으며, 자신의 동생을 죽여서는 안된다는 것을 알고 있었다. 그리고 이 율법은 시내 산에서 십계명으로 요약되어 두 돌판에 하나님이 직접 기록하여 주셨다. 두 돌판으로 주셨다는 것은 언약을 맺는 방법이었다. 시내 산에서 주어진 율법은 하나님의 백성, 언약 백성이 하나님의 도덕적 성품을 닮아가야 하는 것을 요구하고 있다. 십계명의 처음 네 개의 계명은 하나님에 대한 의무이며, 나머지 여섯은 사람에 대한 의무를 말하고 있다. 그러나 이 부분에서 로마가톨릭교회는 오류를 범하고 있다. 교황주의자들은 십계명의 1계명과 2계명을 합쳐놓았고, 제10번째 계명을 둘로 나누어서, 자신들의 형상 숭배를 죄가 아닌 것으로 숨겼다.

인간이 타락한 이후 율법은 죄가 무엇인지를 알게 한다. 결국 율법은 그리스도와 은혜가 필요한 것을 증거하고 있다. 그리고 은혜언약 아래에서의 율법은 그리스도를 닮게 하는 기능을 한다.

19.3. 보통 도덕법이라고 불리우는 이 법 외에, 하나님은 미성숙한 교회로서의 이스라엘 백성에게 몇 가지 모형적 규례들을 담고 있는 의식법들을 주시기를 기뻐하셨다. 이 규례들은 부분적으로 예배와 그리스도와 그의 은혜와 행위와 고난과 유익들을 예표하고(히9장; 히10:1; 갈4:1-3; 골2:17) 부분적으로 도덕적 의무들에 대한 여러 가지 교훈들로 구성되어 있다(고전5:7; 고후6:17; 유23). 이 모든 의식법들은 신약 아래서 지금 폐지되었다(골2:14, 16, 17; 단9:27; 엡2:15-16).

하나님은 미성숙한 교회에 의식법을 주셨는데, 이들의 예배 가운데 그리스도를 알게 하는 것이었다. 이는 그리스도와 그리스도의 고난과 공로를 예표하였고, 부분적으로 도덕적 의무를 일깨우는 교훈들이었다. 의식법은 도덕적 의무와 함께 죄의 효과를 나타내는 것이며, 우리가 죄를 피해야 할 것을 가르치는 것이다. 물론 의식법을 통해서 구별된 백성으로 살면서 세상의 방식대로 살아갈 수 없음을 교육하는 것이었다(고후 6:17). 의식법은 신약에 이르러 폐지되었다.

19.4. 정치체제로서의 이스라엘 백성에게 하나님은 여러 가지 사법적인 법을 주셨는데, 이것들은 그들 국가와 함께 종료되어, 지금 어떤 누구에게도 의무로 주어지지 않으나, 정의의 일반 원리를 가지고 있는 것들은 예외이다(출21:1-36; 출22:1-29; 창49:10; 벧전2:13, 14; 마5:17, 38-39; 고전9:8-10).

시민법은 신약에 이르러 구속력이 없게 되었다. 새로운 이스라엘은 교회이기 때문이다. 그러나 모든 민족에게 공통되는 자연법의 원칙을 따르는 법령은 여전히 효력이 있다.

19.5. 도덕법은 모든 사람들, 즉 의롭다 함을 받은 자와 못 받은 자에게 영원히 순종을 부과한다(롬13:8-10; 엡6:2; 요일2:3, 4, 7, 8). 도덕법에 순종할 의무는 그 내용뿐만 아니라 그것을 주시는 창조주 하나님의 권위 때문이다(약2:10-11). 그리스도께서도 복음 안에서 결코 이 의무를 폐하지 않으시고, 더욱 강화하셨다(마5:17-19; 약2:8; 롬3:31).

도덕법은 신약에서 여전히 유효한데, 모든 사람들에게 적용되며, 의롭다 함을 받은 자들에게 순종해야 할 의무이다. 이는 창조주 하나님께서 피조물인 인간에게 부과한 의무이다. 도덕법의 중요성은 모든 사람의 하나님에 대한 관계이기 때문에 결코 변경되거나 폐지될 수 없는 것이다. 하나님은 모든 권위와 전능자의 하나님으로서 더욱이 창조주로서 율법을 주시는 분이시며, 모든 인생은 하나님의 피조물이기 때문에 더욱 폐지될 수 없는 것이다. 따라서 그리스도께서도 율법의 일 점 일 획이라도 없어질 수 없다고 말씀하셨다.

도덕법은 거듭나지 않은 자들에게 죄를 깨닫게 하는 기능을 하고, 거듭난 자에게는 하나님을 닮게 하는 기능을 한다. 따라서 신자에게 도덕법이 필요 없다고 주장하는 도덕률폐기론주의자들은 오류이다. 도덕률폐기론주의자들은 구원의 은혜에 감사하여 율법을 지키는 자들을 율법주의자라고 고소하는데 스스로 자신들이 도덕률폐기론주의라는 것을 밝히는 것이다.

19.6. 비록 진정한 신자들이 행위언약으로서의 율법 아래 있지 않으며, 그것으로 의롭다 하심을 얻거나 정죄되는 것이 아니지만(롬6:14; 갈2:16; 갈3:13; 갈4:4-5; 행13:39; 롬8:1) 그럼에도 불구하고 율법은 그들에게와 다른 이들에게 크게 유용하다. 그들에게 삶의 규칙으로서 하나님의 뜻과 그들의 의무를 알려주며, 그들로 이것을 따라 행하도록 지도하고 명령하며(롬7:12, 22, 25; 시119:4-6; 고전7:19; 갈5:14, 16,

18-23), 또한 그들의 본성과 마음과 삶이 죄악으로 부패된 것을 드러내고(롬7:7; 롬3:20), 이로서 그들은 죄를 깨닫게 되며, 죄로 인하여 겸비하게 되며, 죄를 미워하게 되고(약1:23-25; 롬7:9, 14, 24) 그리스도와 그리스도의 완전한 순종이 필요하다는 것을 분명하게 깨닫는다(갈3:24; 롬7:24, 25; 롬8:3, 4). 율법은 또한 중생한 자에게 유용한데, 죄를 금하고, 그들의 부패성을 억제한다(약2:11; 시119:101, 104, 128).

율법의 경고로서, 율법은 그들의 죄에 대해서 받아야 할 것이 무엇인지를 보여 주고, 비록 그들이 율법에 경고된 저주로부터는 자유할지라도, 이 세상의 삶에서 죄 때문에 그들이 받을 고통들을 보여준다(스9:13-14; 시89:30-34). 마찬가지로, 율법의 약속은 중생한 자들에게 순종에 대한 하나님의 인정과 그들이 율법에 순종하였을 때, 비록 이러한 축복들이 행위언약으로서 율법에 의해 마땅한 것이 아니지만(갈2:16; 눅17:10), 그들이 기대할 수 있는 하나님의 축복을 보여준다(레26:1-14, 고후6:16; 엡6:2, 3; 시37:11; 마5:5; 시19:11). 따라서 사람이 악을 행하기보다는 선을 행하는 것이, 율법이 선을 권장하고 악을 단념시키는 것 때문인데, 이는 그 사람이 율법 아래에 있으며, 복음 아래에 있지 않은 증거는 아니다(롬6:12, 14; 벧전3:8-12; 시34:12-16; 히12:28, 29).

진정한 신자들을 율법을 지키려고 애를 쓰지만 어기고 죄를 짓는다. 그러나 은혜언약 아래에 있기 때문에 정죄에 이르지 않는다. 신자들에게 율법은 행위의 원리이며, 생활의 규칙이다. 신자에게 율법은 자신들의 부패성과 죄를 깨닫게 해서 더욱 겸손하게 만들고, 죄를 미워하도록 도전을 한다. 더욱이 신자는 자신이 율법을 온전히 행하지 못한다는 것을 깨닫고, 그리스도의 소중성에 대해서 더욱 깨닫는다. 따라서 신자에게 율법은 자신들의 부패성을 억제하는 것에 유익하다. 그러나 불신자의 경우에는 행위언약 아래에 있는 것이기 때문에 정죄의 두려움 속에 있게 된다. 결국 청교도들이 율법을 강조한 것은 거듭나지 않은 자에게 죄를 깨닫게 하는 기능과 거듭난 자에게 거룩한 삶을 추구하게 만들고, 죄를 억제하게 하는 기능 때문이다.

율법주의자는 오류인데, 아담이 타락한 이후 지킬 수도 없는 율법을 지킬 수 있다고 생각하며, 율법을 지켜서 구원을 이루려고 하기 때문이다. 율법주의자들은 지킬 수도 없는 율법을 지켰다고 생각하고 자신이 구원받았다고 생각하여 자기 의와 교만에 빠지기도 한다(롬 10:3). 오늘날의 바울의 새 관점은 교회에서 율법을 지켜서 의로워지려고 하는데, 이는 율법주의의 오류에 속한다.

19.7. 율법의 이 용도들은 복음의 은혜와 상충되지 않으며, 완전한 조화를 이루며(갈3:21) 그리스도의 영은 사람의 의지를 복종시키며, 율법에 계시된 하나님의 뜻이 요구하시는 것을 자유롭고 즐겁게 행할 수 있게 하신다(겔36:27; 히8:10; 렘31:33).

7항은 율법과 복음의 관계를 설명하고 있다. 율법은 복음의 필요성과 귀중성을 더욱 드러낸다. 새 언약 아래에서 성령께서는 신자들로 율법을 지키도록 그 마음에 율법을 새겨두셨다. 그리고 성령께서는 사람들의 의지에 영향을 주어서 율법을 자발적으로 지키게 만드신다. 성령께서 순종을 가능하게 하시는 것이다(겔36:27; 렘31:33).

7항의 서술에서 벗어나는 오류들이 있다. 칼 바르트는 율법과 복음 관계를 복음과 율법으로 순서를 바꾸었다. 성령께서 죄인들을 회심시키기 위해 율법을 사용하여서 죄를 책망하는 것을 누락시킨 것이다. 더욱이 오늘날 복음주의 전도에서는 율법에 대한 내용이 누락되어 있다. 따라서 그리스도를 믿어야 할 이유를 설명하지 못한다. 복음을 변질시키고 있다. 율법과 복음의 순서를 바꾼 복음전도를 제임스 패커는 신복음(new gospel)이라고 불렀다.[97] 이는 죄의 각성 없이, 혹은 그리스도를 믿어야 하는 필요성을 인식하지 못한 채 그리스도를 믿는 것으로서, 복음을 변질시키는 것이다. 한편으로, 현대 오순절운동은 도덕률폐기론주의로서 율법을 무시하고, 오히려 하늘의 음성과 계시를 주장하면서 율법을 어기고 있다. 현대 교회의 도덕적 스캔들의 대부분은 도덕률폐기론주의로부터 오는데, 그리스도인들의 행위의 원리(principle of conduct)인 율법을 무시하기 때문이다.

97　제임스 패커, 청교도 사상(서울: CLC, 2016) 참조.

제20장 그리스도인의 자유와 양심의 자유

20.1. 그리스도께서 복음 아래서 신자들을 위해 값 주고 사신 자유는 죄책과 하나님의 정죄하시는 진노와 도덕법의 저주로부터의 자유로운 상태이며(딛2:14; 살전1:10; 갈3:13) 그리고 현재의 악한 세상과 사탄의 속박과 죄의 지배로부터(갈1:4; 골1:13; 행26:18; 롬6:14), 고통의 악과 사망의 쏘는 것과 무덤의 승리와 영원한 정죄로부터 건짐을 받은 상태에 있는 것이다(롬8:28; 시119:71; 고전15:54-57; 롬8:1). 또한 이 자유는 하나님에게 자유롭게 나아가며(롬5:1,2), 종의 두려움에서부터가 아니라 아이 같은 사랑과 자발적인 마음에서부터 하나님에게 복종하여 순종하게 한다(롬8:14, 15; 요일4:18). 이 모든 것들은 율법 아래 있던 신자들에게도 공통적이었다(갈3:9, 14) 그러나 신약 아래에서 그리스도인들의 자유는 보다 확대되었다. 그들은 유대 교회가 복종했던 의식법의 멍에로부터의 자유로우며(갈4:1-3, 6-7; 갈5:1; 행15:10, 11) 은혜의 보좌로 더욱 담대히 나아가며(히4:14, 16; 히10:19-22),

> 율법 아래에 신자들이 통상적으로 참여하였던 것보다 더욱 큰 분량의 하나님의 성령의 은사들을 경험한다(요7:38-39; 고후3:13, 17, 18).

그리스도인의 자유를 율법 다음으로 다루었던 이유는 복음 아래에서 율법의 저주로부터 자유를 얻는 것이기 때문이다. 그리스도의 구속을 통해서 믿는 자에게 의가 전가됨으로 율법의 정죄와 저주로부터 자유롭게 되었다. 또한 그리스도께서 자신의 피로 구속하여서 신자들은 악한 세상과 사탄의 속박과 죄의 지배로부터 자유롭게 되었다. 그리고 신약의 신자들은 의식법으로부터 자유를 얻었으며, 복음을 믿는 자는 자유롭게 율법에 순종하게 된다.

> **20.2.** 하나님만이 양심의 주이시며(약4:12; 롬14:4), 인간의 교리들이나 계명들로 자유롭게 하셨는데(행4:19; 행5:29; 고전7:23; 마23:8-10; 고후1:24; 마15:9), 이것들은 자신의 말씀에 반대되는 것이며 혹은 예배와 믿음의 문제에 있어서 추가된 것들이다. 따라서 이러한 교리를 믿거나 혹은 양심으로부터 벗어나 이러한 명령을 순종하는 것은 양심으로부터의 참 자유를 저버리는 것이다(골2:20, 22, 23; 갈1:10; 갈2:4, 5; 갈5:1). 맹목적인 믿음과 절대적인 맹목적 순종을 요구하는 것은 양심의 자유와 또한 이성을 파괴하는 것이다(롬10:17; 롬14:23; 사8:20; 행17:11; 요4:22; 호5:11; 계13:12, 16, 17; 렘8:9).

예배와 교리문제에 있어서 하나님의 말씀과 어긋나는 것을 피해야 한다. 또한 하나님 말씀에 추가하는 것도 피해야 한다. 하나님의 말씀에 근거하지 않는 사람의 가르침에 대해서 우리 자신을 지켜야 한다. 성경 외에 인간의 전통으로 양심을 속박할 수 없다.

그러나 로마가톨릭교회는 교회가 교리를 정하고, 법을 정해서 사람들의 양심을 구속할 권한이 있다고 주장하면서 맹목적 믿음과 맹목적 순종을 요구한다. 그리고 에라스티언주의(Erastianism) 혹은 영국 국교회주의는 신앙과 예배의 형태를 시민들의 양심을 무시하고 위정자가 규정할 권리와 책임이 있다고 말한다. 이들 모두 오류이다. 오늘날의 현대 복음주의는 현대의 문화에 맞추어서 예배를 고안하여 사람들을 즐겁게 하는 방식을 따라하고 있는데 불법이다.

20.3. 그리스도인의 자유를 핑계로 어떤 죄를 행하거나 어떤 정욕을 품으며 행하는 자들은 그리스도인의 자유를 파괴하는 것이다. 우리의 원수들의 손에서 구원받은 목적은 우리로 일평생 주님 앞에서 두려움 없이 거룩함과 의로움으로 주를 섬기게 하는 것이다(갈5:13; 벧전2:16; 벧후2:19; 요8:34; 눅1:74, 75).

방종주의자들은 자신들이 구원받았다고 하면서, 죄를 지어도 얼마든지 용서받을 수 있기 때문에 아무 문제가 없다고 말하면서 방종의 삶을 사는 자들이다. 이것은 오류이다. 구원의 은혜는 우리로 더 이상 죄를 짓지 않도록 하며, 거룩과 의를 추구하게 하는 것이다. 그리스도인의 자유의 목적은 죄의 힘 그 자체로부터의 자유이다(요8:34). 따라서 하나님의 법과 계명을 넘어서는 자유는 없다.

20.4. 하나님이 정하신 권력과 그리스도께서 사신 자유는 서로를 파괴하도록 하나님에 의도되지 않았고, 서로 상호간 유지하고 보존하도록 의도되어서, 그리스도인의 자유를 핑계로 시민정부 혹은 교회의 합법적인 권력이나 합법적인 권력의 실행에 반대하는 자들은 하나님의 법령을 반대하는 것이다(마12:25; 벧전2:13, 14, 16; 롬13:1-8; 히13:17). 자연의 빛과 믿음과 예배와 혹은 삶의 방식에 관하여 기독교의 원리로 알려진 것과 혹은 경건의 능력에 반대되는 견해들을 유포하고, 그러한 행위를 유지하며, 그들의 본성에서 오류의 견해와 행위들을 유포하거나 유지하는 것은 그리스도께서 교회 안에 세우신 외적 평화와 질서에 대해서 파괴적이어서, 교회의 견책으로서 합법적으로 소환히여 책임을 묻고 고소한다(롬1:32; 고전5:1, 5, 11, 13; 요이10-11; 살후3:14; 딤전6:3-5; 딛1:10, 11, 13; 딛3:10; 마18:15-17; 딤전1:19, 20; 계2:2, 14, 15, 20; 계3:9) 그리고 세속 위정자들의 권세에 의해 합법적으로 소환되고 처벌될 수 있다(신13:6-12; 롬13:3, 4; 요이 10-11; 스7:23, 25-28; 계17:12, 16, 17; 느13:15, 17, 21, 22, 25, 30; 왕하23:5, 6, 9, 20, 21; 대하34:33; 대하15:12, 13, 16; 단3:29; 딤전2:2; 사49:23; 슥13:2, 3).[98]

---

98   미국장로교회는 1788년 이 문구를 삭제하였다.

국가와 교회는 서로를 파괴하지 않고, 지지하고 보존해야 한다. 따라서 양심의 자유를 남용하여 합법적인 권위에 대항해서는 안 된다. 그리고 세속의 통치자들도 계명을 어기는 행위와 신성모독적인 견해를 유포하거나 안식일을 어기는 죄를 억제해야 한다. 미국장로교회는 1788년 필라델피아 대회에서 이항의 마지막 부분(사체로 된 부분)을 삭제하였다. 국가와 교회의 분리를 규정하였다.

제21장 예배와 안식일

21.1. 자연의 빛은 모든 것 위에 주권과 통치권을 가지고 계신 하나님이 계시다는 것과 하나님은 선하시며, 모든 자에게 선을 행하시다는 것과 따라서 모든 자들은 하나님을 경외하고, 사랑하며, 찬양하고, 하나님에게 기도해야 하며, 하나님을 신뢰하고, 마음과 영혼과 힘을 다해 하나님을 섬겨야 하는 것을 보여주고 있다(롬1:20; 행17:24; 시119:68; 렘10:7; 시31:23; 시18:3; 롬10:12; 시62:8; 수24:14; 막12:33) 그러나 참 하나님을 예배하는 합당한 방법은 하나님 자신에 의해 제정되었고, 그 자신의 계시된 뜻에 의해 제한되었으며, 사람들의 상상이나 고안된 것들이나 혹은 사탄의 제안들이나, 혹은 눈에 보이는 어떤 형태 아래에서나 혹은 성경 안에서 명령되지 않은 어떤 다른 방식에 따라 하나님을 예배해서는 안 된다(신12:32; 마15:9; 행17:25; 마4:9, 10; 신4:15-20; 출20:4-6; 골2:23).

모든 사람들은 하나님이 계신 것과 주권자이신 것을 알 수 있으며, 하나님을 반드시 예배해야 한다는 것을 안다. 그러나 하나님을 예배하는 방법은 하나님 자신에 의해 제정되었고, 계시하셨다. 따라서 반드시 하나님께서 정하신 방식대로 예배해야 한다. 따라서 사람들의 상상이나 고안된 방법으로 드려서는 안 되며, 사탄의 제안된 방식을 따라서 유형적 표현들을 사용해서도 안 된다. 오직 성경에서 규정된 방식을 따라야 하고, 규정되지 않은 방식으로 드려서는 안 된다.

그러나 로마가톨릭의 형상 예배는 십계명의 제2계명을 어기는 것이며, 우상적이며, 마귀적인 것이다. 또한 로마가톨릭교회의 의식을 답습하고 있는 루터란 교회와 영국 국교회의 의식도 우상적인 것이다. 더욱이 현대 복음주의 교회 안에서 인간에게 초점을 맞춘 열린 예배(seeker's sensitive worship service)[99]와 그와 유사한 예배들은 성경적 예배가 아니다.

21.2. 신앙적 예배는 성부와 성자와 성령이신 하나님 한 분에게만 드려져야 하며(마4:10; 요5:23; 고후13:13), 천사들이나 성인들이나, 혹은 어떤 다른 피조물에게 드려져서는 안 된다(골2:18; 계19:10; 롬1:25). 타락 이후 중보자 없이 예배가 드려질 수 없으며, 그리스도 외에 어떤 다른 중보자를 통해서 드려질 수 없다(요14:6; 딤전2:5; 엡2:18; 골3:17).

---

99   직역한다면 구도자에게 민감한 예배인데, 말 그대로 인간들의 반응에 초점을 두고 구성한 예배이다.

예배는 성부와 성자와 성령에게 동등하게 드려져야 한다. 예배 시에 사도신경을 봉독하는 것은 예배의 대상이신 삼위 하나님이 하신 일을 생각하고, 찬양하며 감사하게 하기 위한 것이다. 더욱이 예배마다 사도의 축복(예배의 마지막 부분에서의 축도)을 우리가 듣고 있다는 것을 기억해야 한다(고후13:13). 그러나 교황주의자들은 마리아와 성인들에게 예배를 드리라고 말한다.

> **21.3.** 신앙적인 예배의 특별한 부분으로서 감사가 있는 기도는(빌4:6) 하나님이 모든 사람에게 요구하시는 것이며(시65:2), 이 기도가 받아들여지기 위해서 아들의 이름으로(요14:13-14; 벧전2:5), 그의 영의 도우심으로(롬8:26) 그의 뜻에 따라(요일5:14) 해야 한다. 기도는 이해와, 존경과 겸손과 열심과 믿음과 사랑과 인내를 가지고 드려야 한다(시47:7; 전5:1, 2; 히12:28; 창18:27; 약5:16; 약1:6-7; 막11:24; 마6:12, 14-15; 골4:2; 엡6:18). 그리고 만일 소리 내어 한다면 알려진 언어로 행해져야 한다(고전14:14).

기도는 예배의 중요한 부분이다. 중생하지 못한 자가 기도할 수 있는가에 대한 질문에서 웨스트민스터 신앙고백서는 할 수 있으며, 해야 한다고 말한다. 기도는 그리스도의 이름으로 해야 하며, 반드시 성령의 도우심을 받아야 한다. 청교도들은 성령이 도우시는 기도를 강조하였는데, 반드시 기도해야 할 내용을 성령께서 조명하여 주시는 것을 말하였다. 기도의 태도로서 존경, 겸손, 열심, 믿음, 사랑, 인내가 있어야 한다고 하였다. 또한 알려진 언어로 기도하라는 것은 로마 교회의 라틴어로만 기도하는 것이 잘못되었다는 것을 의미한다.

> **21.4.** 기도는 합법적인 것들과(요일5:14) 지금 살아 있는 모든 종류의 사람들과 혹은 장차 살아갈 사람들을 위해 드려져야 하며(딤전2:1-2; 요17:20; 삼하7:29; 룻4:12) 죽은 자들을 위해서나(삼하12:21-23; 눅16:25-26; 계14:13), 사망에 이르는 죄를 지은 자들로 알려진 사람들을 위해서 기도해서는 안 된다(요일5:16).

합법적인 기도라는 것은 하나님의 뜻에 맞는 내용의 기도를 의미한다. 4항에서 오류로 지적하고 있는 것은 로마 교회의 죽은 자들을 위한 기도이다. 한편으로 죽음에 이르는 죄를 범한 자를 위해 기도하지 말라는 것은 사도 요한의 말씀에 근거하고 있다.

> **21.5.** 경건한 두려움을 가지고 성경을 읽는 것과(행15:21; 계1:3), 바른 설교를 행하는 것과(딤후4:2), 하나님께 순종하는 마음과 이해와 믿음과 존경함으로 성실하게 설교를 듣는 것과(약1:22; 행10:33; 마13:19; 히4:2; 사66:2), 은혜가 충만한 마음으로 시편을 노래하는 것과(골3:16; 엡5:19; 약5:13), 그리스도께서 제정하신 성례들을 올바르게 시행하고 합당하게 받는 것, 이 모두는 하나님께 드리는 통상적 예배의 부분들이다(마28:19; 고전11:23-29; 행2:42). 이것 외에 특별한

경우와(시107:1-43; 에9:22) 적절한 때에[100] 예배의 다른 요소들이 있는데, 신앙적 맹세들과(신6:13; 느10:29) 서원들과(사19:21; 전5:4, 5), 엄숙한 금식들과(욜2:12; 에4:16; 마9:15; 고전7:5) 감사가 있다. 이것들은 거룩하고 경건한 방식으로 사용되어야 한다(히12:28).

성경 읽는 것, 설교를 행하는 것과 시편을 노래하는 것, 성례를 시행하고 받는 것이 예배의 통상적 부분이 된다. 청교도들은 예배 가운데 거의 항상 시편을 노래하였다. 그러나 시편이외에 다른 성경구절들을 노래하기도 하였다. 더욱이 청교도들은 사순절, 성탄절 등을 반대하였다. 5항에서 예배의 특별한 요소로는 서원, 금식, 감사를 언급하였는데, 청교도들은 특별한 경우에(예를 들어 웨스트민스터 총회가 표준문서를 만들고 있을 때) 금식의 날과 감사의 날을 정하여서 예배하였다.

21.6. 복음 아래에서는 기도도, 신앙적 예배의 어떤 다른 부분도, 그것이 행해지는 혹은 그것이 향하고 있는 어떤 장소에 매이지도 않으며, 그 장소에 의해 더욱 수납할 만한 것이 되지 않는다(요4:21). 그와는 반대로, 하나님은 모든 곳에서(말1:11; 딤전2:8) 영과 진리로(요4:23-24)

---

100 이 부분에서 원래의 초판에는 'upon special occasions, which are in their several times and season'으로 되어 있다. 현대어판에서는 'on special occasions and at appropriate times'로 번역하였다. 초판에 이렇게 서술한 이유는 청교도들이 특별한 경우와 때에 따라서 금식일과 감사일을 가졌으며, 웨스트민스터 총회원들이 신앙고백서를 작성할 때에도, 의회가 금식일과 감사일을 지켰다. 이것은 구약의 절기를 지키는 것이 아니었다. 당시 국가와 교회의 상황에 따라서 이렇게 금식일과 감사일을 가졌던 것이다. 따라서 현대어 판에서 특별한 경우와 적절한 때라고 번역하여, 절기를 지키는 것으로의 오해를 피하였다.

예배되어야 한다. 하나님은 개인의 가정에서(렘10:25; 신6:6-7; 욥1:5; 삼하6:18,20; 벧전3:7; 행10:2) 매일(마6:11), 각 개인에 의해 은밀하게 예배되어야 하며(마6:6; 엡6:18) 또한 공적 집회들 가운데 보다 엄숙히 예배되어야 한다. 하나님의 말씀 혹은 그의 섭리로 하나님께서 그들을 예배로 부르실 때, 이 같은 예배는 부주의하게 드려지거나 혹은 의도적으로 무시되거나, 포기되어서는 안 된다(사56:6-7; 히10:25; 잠1:20-21, 24; 잠8:34; 행13:42; 눅4:16; 행2:42).

복음 아래에서 예배를 위한 특별한 장소가 폐지되었다. 그리고 6항에서는 공적 예배와 개인적 예배를 구분하여 설명하였다. 청교도들은 가정예배와 개인이 사적으로 드리는 예배를 중요시하였는데, 이를 가정제단(family altar)라고 부르기도 하였다. 이는 가정에서의 신앙 교육에 초점을 둔 것이며, 가정에서는 누구든지 자신의 신앙을 형식적으로 숨길 수 없는 곳으로 보았기 때문이다. 특별히 웨스트민스터 소요리문답서는 가정에서의 자녀들의 교육을 위한 목적으로 작성되었다. 한편으로 공적 예배는 엄숙하게 준수되어야 함을 강조하였다.

21.7. 일반적으로 자연의 법에 따라서 적당한 시간을 하나님을 예배하기 위해 따로 구별하는 것은 마땅한 것이며, 하나님은 자신의 말씀 안에서, 모든 시대에 모든 사람을 구속하는 적극적이며, 도덕적이고, 영속적인 명령으로서 7일 가운데 하루를 안식일로 자신에게 거룩하게 드려지도록 특별하게 정하셨다(출20:8, 10-11; 사56:2, 4, 6-7).

세상의 시작부터 그리스도의 부활 때까지 지정된 안식일은 주간의 마지막 날이었다. 그리스도의 부활과 함께 안식일은 주간의 첫째 날로 변경되었다(창2:2-3; 고전16:1-2; 행20:7). 성경에서 이날을 주일로 부르며(계1:10), 그리스도인의 안식일로서(출20:8, 10; 마5:17-18) 세상의 마지막 때까지 계속된다.

청교도들은 칼빈과 달리 안식일을 도덕법으로 간주하였는데 그 근거로서 안식일 규정이 창조 시의 계명이기 때문이라고 하였다. 안식일 규정이 도덕법이기 때문에 청교도들은 안식일의 영속성을 말하였고 안식일이 주일로 변경된 것을 가지고 그리스도인의 안식일(Christian Sabbath)이라는 용어를 사용하였다. 청교도들은 안식일이 안식과 구속을 나타낸다는 것을 강조하였다. 더욱이 청교도들은 로마가톨릭과 영국 국교회의 거룩한 절기와 날들을 반대하였다. 따라서 웨스트민스터 신앙고백서는 오직 주일만 거룩한 날로 인정하였다.

21.8. 이 안식일은 주님에게 거룩하게 지켜져야 하며, 사람들은 그들의 마음을 합당하게 준비하고, 그들의 일상적인 일들을 미리 정돈하고, 하루 종일 그들의 매일의 직업과 오락에 관련된 일이나, 말, 그리고 생각들로부터 거룩한 안식을 가질 뿐만 아니라(출20:8; 출16:23, 25, 26, 29, 30; 출31:15-17; 사58:13; 느13:15-19, 21, 22) 전체 시간을 공적으로 개인적으로 예배를 드리는 것과 부득이 해야 할 의무와 긍휼을 베풀어야 할 의무에 사용한다(사58:13; 마12:1-13).

8항에서 안식일을 거룩하게 하는 방법에 대해서 설명하였는데, 세속적인 것과 오락의 일을 멈추고 예배에 드려지는 것으로 말하였다. 이렇게 서술한 이유는 그 당시 영국 국교회가 주일에 스포츠를 권장하는 문서를 만들어서, 예배 시에 읽도록 하였기 때문이다. 따라서 청교도들은 스포츠문서를 반대하였고, 주일을 거룩하게 지키는 운동을 전개하였다.

제22장 합당한 맹세와 서원

22.1. 합법적인 맹세는 신앙적인 예배의 한 요소이며(신10:20), 적절한 경우에 예배 가운데 하나님을 부르며 엄중히 맹세하는 사람은 자신이 주장하는 것과 혹은 약속한 것을 증거하는 것이며, 그가 맹세한 것의 진실성이나 허위성에 따라 그를 판단하게 하는 것이다(출20:7; 레19:12; 고후1:23; 대하6:22, 23).

합당한 맹세는 경건한 예배의 한 요소이다. 그러나 재세례파와 퀘이커주의자들은 신약 시대에 맹세는 합법적이지 않다고 주장한다.

22.2. 사람들은 하나님의 이름으로만 맹세해야 한다. 그리고 맹세할 때, 하나님의 이름은 모든 거룩한 두려움과 존경함으로 사용되어야 한다(신6:13). 따라서 하나님의 영광스럽고, 두려운 이름으로 헛되이 맹세하거나 경솔하게 맹세하는 것과 혹은 다른 어떤 것으로 맹세하는 것은

죄악이며, 혐오스러운 것이다(출20:7; 렘5:7; 마5:34, 37; 약5:12). 그러나 중요한 문제에 있어서 맹세는 신약과 구약 모두 하나님의 말씀에 의해 보증되었으며(히6:16; 고후1:23; 사65:16), 따라서 그러한 문제에 있어서 합법적 맹세는 합법적 권위에 의해 부과되었을 때 행해져야 한다(왕상8:31; 느13:25; 스10:5).

22.3. 누구든지 맹세하는 자는 엄숙한 행위의 중요성을 신중하게 생각해야 하며, 자기 자신이 진실이라고 충분히 확신하는 것만 맹세해야 한다(출20:7; 렘4:2). 어떤 사람이든지 선하고 올바른 것과 자신이 그렇다고 믿는 것과 자신이 이행하고 해결할 수 있는 것 외의 것을 맹세하여 자신을 속박해서는 안된다(창24:2, 3, 5, 6, 8, 9). *그러나, 합법적 권위에 의해 부관된 선한 것과 바른 어떤 것에 대한 맹세를 거부하는 것은 죄가 된다(민5:19, 21; 느5:12; 출22:7-11).*[101]

22.4. 맹세는 모호함이나 감추는 것이 없이 분명하고, 평범한 말로 해야 한다(렘4:2; 시24:4). 맹세가 사람으로 죄를 짓게 해서는 안 되며, 죄가 아닌 것을 맹세했다면 자신에게 손해가 될지라도 반드시 실행해야 한다(삼상25:22, 32-34; 시15:4). 비록 이단자나 불신자들에게 하였을지라도 맹세를 어겨서는 안 된다(겔17:16, 18, 19; 수9:18, 19; 삼하21:1).

---

101 미국 장로교회는 1903년에 웨스트민스터 신앙고백서를 개정할 때, 사체의 부분을 삭제하였다. 대부분의 현대어 판에서도 이 부분이 삭제되어 있다.

22.5. 서원은 약속의 맹세와 같은 성질을 가지고 있으며, 같은 신앙적 돌봄으로 이루어져야 하며, 같은 성실성을 가지고 이행되어야 한다(사19:21; 전5:4-6; 시61:8; 66:13, 14).

22.6. 서원은 어떤 피조물에 대해서 하는 것이 아니라 하나님에게만 하는 것이다(시76:11; 렘44:25, 26). 그 서원이 받아들여지려면 자발적으로, 믿음으로부터 그리고 의무에 대한 확신으로, 받은 자비에 대한 감사의 방법으로 하며, 혹은 우리가 원하는 것을 얻기 위해서 해야 한다. 서원함으로써 우리는 해야 할 의무나 혹은 그밖의 일들을 행하는 데 적절히 공헌할 수 있는 한 우리 자신을 보다 엄격히 구속할 수 있다(신23:21-13; 시50:14; 창28:20-22; 삼상1:11; 시66:13, 14; 시132:2-5).

22.7. 아무도 하나님의 말씀에서 금지하는 일이나 그 안에 명령하신 의무의 실행을 방해하는 것이나 자신이 할 수 없는 어떤 것이나, 하나님으로부터 능력이 약속되지 않은 것을 실행하는 것에 대해서 서원해서는 안 된다(행23:12, 14; 막6:26; 민30:5, 8, 12, 13). 이러한 점에서 로마가톨릭의 영구적인 독신 생활, 청빈의 고백, 규칙적인 순종의 수도원적 서원은 보다 높은 완전의 정도에 이르는 것과는 거리가 멀며, 이것들은 미신적이며, 죄악된 올무이다. 그리스도인들은 이러한 것들에 자신을 얽매이게 해서는 안 된다.(마19:11, 12; 고전7:2, 9; 엡4:28; 벧전4:2; 고전7:23).

율법은 1차적 의무이며, 서원은 2차적 의무이다. 따라서 율법의 내용을 지켜야 할 뿐만 아니라 서원한 것은 반드시 지켜야 한다. 로마가톨릭교회의 독신 생활과 궁핍 생활 및 수도원 생활이 보다 높은 수준의 영적 상태에 이르는 것으로 말하는 것은 오류이다.

제23장 시민 공직자

23.1. 온 세상의 최고의 주이시며 왕이신 하나님은 시민의 공직자들을 세우셔서 자기 아래 두시고 자기 자신의 영광과 공공의 유익을 위하여 백성을 다스리게 하셨으며, 이 목적을 위하여 그들에게 검의 권세로 무장시키어 선한 자들을 보호하고 격려하며, 악을 행하는 자들을 처벌하게 하셨다(롬13:1-4; 벧전2:13, 14).

23.2. 그리스도인들이 공직자로 부름을 받았을 때, 공직자의 직무를 받아들이고 시행하는 것은 적법하며(잠8:15, 16; 롬13:1, 2, 4) 이 직무에서 그들은 각 나라의 건전한 법률에 따라 경건과 정의, 평화를 특별히 유지해야 한다(시2:10-12;딤전2:2; 시82:3,4; 삼하23:3; 벧전2:13). 그 목적을 위하여 신약 아래에 있는 그들은 정당하고, 필요한 경우에 이제 합법적으로 전쟁을 수행할 수 있다(눅3:14; 롬13:4; 마8:9, 10; 행10:1, 2; 계17:14, 16).

하나님은 사람들의 양심과 사회적 본성에 정부의 의무와 필요성에 대해 일반적 기초를 두셨다. 하나님께서 위정자들을 임명하시는 목적은 공중의 유익을 위한 것이며, 궁극적인 목적은 하나님의 영광을 나타내는 것이다. 따라서 공직자들은 교회 활동을 보호해야 한다.

구약에서 하나님은 이스라엘에게 전쟁을 직접적으로 명령하셨는데, 하나님의 공의를 국가에 대해서 행하기 위한 것이었다. 신약에서는 어떤 나라와 교회도 이 같은 권위를 주장할 수 없다. 그러나 실제적으로 의로운 전쟁은 필요하다. 왜냐하면 이 세상에서 악이 실제적이기 때문에, 이와 같은 상황에서 나라는 전쟁을 수행할 수 있다. 그럼에도 불구하고 퀘이커주의자들은 합법적인 전쟁도 반대한다.

23.3. 시민의 공직자는 스스로 말씀과 성례의 집행하는 권한과 혹은 천국 열쇠의 권세를 취해서는 안 된다(대하26:18; 마18:17; 마16:19; 고전12:28, 29; 엡4:1, 12; 고전4:1, 2; 롬10:15; 히5:4).[102] 그러나 그는 권위를 가지고 교회 안에서 일치와 평화가 유지되도록 명령할 수 있는데, 이는 그의 의무이다. 이로서 하나님의 진리는 순수하고 온전히 보전되며, 모든 신성모독과 이단들이 억제되고, 예배와 치리에 있어 모든 부패와 남용이 예방되거나 개혁되며, 하나님이 정하신 모든 의식들이 바르게 정해져서 시행되며 준수된다(사49:23; 시122:9; 스7:23, 25-28; 레24:16; 신13:5, 6, 12; 왕하18:4; 대상13:1-9; 왕하24:1-26;

---

102 1788년에 미국 장로교회는 개정하여 이 항에 다음의 문구를 추가하였다: 그는 믿음의 문제에 있어서 간섭해서도 안 된다.

> 대하34:33; 대하15:12, 13).[103] 이러한 것을 보다 효과적으로 이행하기 위해서 그는 대회들을 소집할 권세가 있고, 그들 앞에 나타나서, 하나님의 마음에 따라서 그들 안에서 결정된 것들을 규정해야 한다(대하 19:8-11; 대하29, 30장; 마2:4, 5).[104]

웨스트민스터 총회는 영국 국교회주의인 에라스티언주의를 반대하였다. 특별히 영국 국교회는 비국교도들을 차별하였고, 때로는 심각하게 핍박하였다.

미국장로교회는 1788년 필라델피아 대회에서 3항을 수정하여서 시민정부가 믿음에 관한 문제를 간섭해서는 안 된다고 하였다. 시민정부의 위정자가 은사이지만, 교회를 향한 은사는 아니라고 하였다. 시민정부의 위정자가 교회에 대해서 아버지 기능을 할 수 없다고 한 것이다.

---

103 이 부분은 1788년에 다음과 같이 개정되었다: 그러나 양육하는 아버지와 같이 우리의 참된 교회를 보호하는 것은 시민 공직자의 의무이며, 어떤 교파를 다른 교파들보다 우대하지 말고, 같은 방식으로 모든 교역자들이 그 거룩한 직책을 폭력 혹은 위험 없이 완전히 자유롭게 수행할 수 있게 해야 한다(사49:23).

104 이 부분은 1788년에 다음과 같이 개정되었다: 그리고 그리스도께서 자기의 교회 안에 규칙적인 정치와 권징법을 제정하셨으므로, 어떤 국가의 법도 그들 자신의 신앙고백과 믿음에 따라서, 어떤 교단의 회원들 가운데 적절히 시행하고 있는 것을 간섭하거나, 억제하거나 방해할 수 없다(시105:15). 시민 공직자의 의무는 사람들과 자신의 백성의 명예를 보호하고, 신앙의 이름 안에서든 혹은 불신앙이든지 어느 누가 다른 사람에게 모욕이나 폭행이나 학대나 상해를 가하는 것이 허용되지 않도록 효과적으로 처리하는 것이다. 그들은 모든 신앙적인 집회와 교회 집회를 아무 방해나 소란이 없이 열릴 수 있도록 돌보아야 한다(삼하23:3; 딤전2:1-2; 롬13:4).

23.4. 공직자를 위해 기도하고(딤전2:1, 2) 그들의 인격을 존중하며(벧전2:17), 세금과 그밖의 공과금을 지불하고(롬13:6, 7) 그들의 합법적인 명령에 순종하고, 양심을 위하여 그들의 권위에 복종하는 것은(롬13:5; 딛3:1) 백성의 의무이다. (공직자가) 불신자이거나 다른 종교를 가지고 있다고 해서 공직자의 정당하고 합법적인 권위가 무효화될 수 없으며, 그들에 대한 백성의 마땅한 순종이 면제되는 것이 아니며(벧전2:13, 14, 16), 교직자들도 면제되지 않는다(롬13:1; 왕상2:35; 행25:9-11; 벧후2:1, 10, 11; 유8-11). 교황은 시민 공직자들에 대해서 그들이 지배하는 지역과 그들의 백성들 위에 어떤 권세나 사법권을 가지지 않으며, 그들을 이단으로 판단하거나 혹은 그 밖의 구실을 세워 그들의 통치권과 생명을 빼앗을 수 없다(살후2:4; 계13:15-17).

통치자에 대한 백성의 의무는 그들을 위해 기도하고, 존중하며, 세금을 내고, 합법적인 명령에 양심적으로 복종해야 한다. 통치자가 불신자의 경우와 다른 종교를 가지고 있다 하더라도 백성의 의무에서 면제되는 것이 아니다. 특별히 4항은 교황의 전제주의가 용납될 수 없음을 분명히 하였다.

제24장 결혼과 이혼

24.1. 결혼은 한 남자와 한 여자 사이에 이루어져야 한다. 어떠한 남자가 한 명 이상의 아내를 두는 것이나, 또한 어떠한 여자가 한 명 이상의 남편을 동시에 두는 것은 합법적이지 않다(창2:24; 마19:5,6; 잠2:17).

1항은 일부 일처제도가 성경적이라는 것을 말하였다. 그러나 재세례파는 일부다처제를 주장하는데, 오류이다.

24.2. 결혼은 남편과 아내가 서로 돕도록 제정되었으며(창2:18), 합법적인 자손들을 통해 인류가 번성하고, 경건한 자손을 통하여 교회가 번성하고(말2:15), 성적인 부정을 막기 위하여 제정되었다(고전7:2, 9).

결혼은 세속적인 계약이면서, 신앙적인 계약이다. 세속적인 계약이라는 것은 국가가 결혼에 대해서 보호해 주어야 한다는 뜻이다. 신앙적이라는 것은 하나님이 정하신 한계와 인정의 범위 내에서 사람들이 맺는 계약이다.

> **24.3.** 판단할 수 있으며, 서로 합의를 할 수 있는 모든 사람의 결혼은 합법적이다(히13:4; 딤전4:3; 고전7:36-38; 창24:57, 58). 그러나 그리스도인들이 오직 주 안에서만 결혼하는 것은 의무이다(고전7:39). 따라서 참된 개혁 신앙을 고백하는 자는 불신자와 로마가톨릭 교인과 다른 우상 숭배자들과 결혼해서는 안 되며, 그리스도인들은 생활에 있어 악명 높은 악한 자들이나 혹은 저주받을 이단 사상을 주장하는 자들과 결혼하여 감당할 수 없는 멍에를 지어서는 안 된다(창34:14; 출34:16; 신7:3, 4; 왕상11:4; 느13:25-27; 말2:11, 12; 고후6:14).

참된 신앙의 사람은 불신자와 로마가톨릭 교인과 우상숭배자와 악인과 거짓된 신앙을 가지고 있는 사람과 결혼해서는 안 된다. 만약에 잘못된 결혼을 한다면, 영적인 생활에서 내면적으로 계속해서 부딪칠 것이며, 이 세상에서 주님을 섬기는 일에 많은 방해를 받을 것이기 때문이다.

> **24.4.** 말씀에서 금하고 있는 혈족이나 친족 안에서의 결혼은 안 된다(레18; 고전5:1; 암2:7). 이 같은 근친결혼이 사람의 법에 의해 합법적이며, 서로 동의하였어도, 이 같은 사람들은 남편과 아내로 함께 살 수 없다(막6:18; 레18:24-28). *남자는 자기 아내의 골육지친뿐만 아니라*

자기 자신의 골육지친 중의 아무와도 결혼해서는 안 되고, 여자도 자기 남편의 골육지친뿐만 아니라, 자기 자신의 골육지친과 결혼해서는 안 된다(레20:19-21).[105]

근친결혼은 율법에서도 금하고 있으며, 자연법도 금하고 있다.

24.5. 약혼 후에 저지른 간음이나 음행이 결혼 전에 드러났을 경우에 잘못이 없는 당사자에게 약혼을 파기할 수 있는 정당한 이유가 주어진다(마1:18-20). 결혼 후에 간음의 경우에 잘못이 없는 당사자가 이혼을 청구할 수 있고(마5:31-32), 이혼한 뒤에는 마치 잘못을 범한 당사자가 죽은 것 같이 다른 사람과 결혼할 수 있다(마19:9, 롬7:2-3).

24.6. 인간의 부패성으로 하나님이 결혼을 통해 하나로 합해 주신 관계를 깨뜨리기 위해 여러 가시 논리를 찾는 경향이 있다. 그러나 교회나 시민 공직자들로 해결할 수 없는 간음이나 완고하게 배우자를 버리는 것은 결혼 관계를 파기할 만한 충분한 사유가 된다(마19:8-9; 고전7:15; 마19:6) 이러한 경우 공적이며, 질서 있는 과정이 준수되어야 하며, 그들 자신들의 경우에서 관련된 사람들의 의지와 분별력에 맡겨서는 안 된다(신24:1-4).

국가법으로 율법에서 허락하지 않은 경우의 이혼을 허락할 권위가 없다.

---

105   이 문구는 1887년 개정되면서 삭제되었다. 따라서 현대판에서도 삭제되었다.

교회론

제25장 교회

25.1. 보편적 교회 혹은 우주적인 교회는 무형교회이며, 선택된 자들의 전체 수효이고, 머리이신 그리스도 아래에서 하나로 모이고 있으며, 모일 것이다. 교회는 그리스도의 신부이며, 그의 몸이요, 만물 안에서 만물을 충만케 하시는 자의 충만이다(엡1:10, 22, 23, 5:23, 27, 32; 골1:18).

웨스트민스터 신앙고백서는 먼저 비가견적 교회(invisible church)를 서술하였는데, 진정한 하나님의 구원 백성으로 구성된 교회이다. 그리스도께서 자신의 백성의 숫자가 완성되기까지 채우시는 것을 강조하였다. 로마 교회는 자신들의 교회를 가견적 보편적(visible catholic) 교회라고 하면서 교황 아래에 있지 않은 교회를 이단이라고 말하는데, 오류이다. 더욱이 로마가톨릭교회는 비가견적 교회라는 용어를 부정하는데, 자신들만이 진정한 교회라고 생각하기 때문이다.

> **25.2.** 유형교회는 또한 복음 아래에서 보편적이거나 혹은 우주적인데, 전에 율법 아래에 있었던 것과 같이 한 나라에 국한되어 있지 않고, 전 세계에서 참된 신앙을 고백하는 자들과(시2:8; 롬15:9-12; 고전1:2, 12:12-13; 계7:9) 그들의 자녀들로 구성되어 있다(행2:39; 창3:15, 17:7; 겔16:20-21; 롬11:16; 고전7:14). 이는 주 예수 그리스도의 왕국이며(사9:7; 마13:47), 하나님의 집과 가족이며(엡2:19, 3:15), 유형교회 밖에서는 통상적으로 구원의 가능성이 없다(행2:47).

복음의 보편성은 모든 민족들에게 전달되어야 하는 것이다. 교회는 이로서 모든 민족들로 구성된다. 따라서 유형교회도 보편성을 가지고 있다. 물론 유형교회에는 참된 신자들과 위선자들로 구성된다. 2항에서 보편적 유형교회 밖에서는 구원받는 자가 없다고 한 것은 본질적으로 교회가 바른 교리를 보전하고 있으며, 은혜의 수단이 교회에 있기 때문에 교회 밖에서 구원받는 자가 없다고 한 것이다. 3항에서 더욱 자세히 언급한다. 그러나 독립파들(Independents)은 신약 아래에서 비가견적 교회는 없다고 주장하며, 재세례파는 유아는 가견적 교회의 회원이 될 수 없다고 주장하는데 오류들이다.

> **25.3.** 이 보편적 유형교회에 그리스도께서 성도들을 모으고 완전하게 하기 위해서 이 세상에서 끝날 때까지 사역과 하나님의 말씀과 규례를 주셨다. 이 목적을 위해서 그리스도는 자신의 약속에 따라서 자신과 성령의 임재로서 이 수단들을 효과 있게 하신다(사59:21; 마28:19, 20; 고전12:28; 엡4:11-13).

그리스도께서 하나님의 선택하신 백성에게 구원이 일어나도록 보편적 유형교회에 하나님의 말씀과 복음 사역의 수단들을 주셨다. 설교, 기도, 찬송, 성례와 같은 규례를 주셨으며, 교회 안에서 여러 가지 복음 사역의 직분이 있는 이유이다. 이러한 복음의 방편과 수단들은 성령에 의해서 효과적으로 적용된다. 이는 보편적 유형교회의 필요성과 교회 밖에서 구원의 가능성이 없는 이유이다.

25.4. 이 보편적 교회는 때로는 보다 분명하게 보이고, 어떤 때에는 덜 분명하게 보인다(롬11:3-4; 계12:6, 14). 각 교회들은 이 보편적 교회의 회원인데, 가르쳐지며 받아들이고 있는 복음의 교리와 의식의 집행과 공예배의 시행에 있어 보다 순수하거나 혹은 덜 순수한 것에 따라서 보다 순수한 교회이거나 혹은 덜 순수한 교회이다(고전5:6-7; 계2-3장).

교회의 영적 상태는 외적으로 혹은 눈으로 확인될 수 있다. 청교도들은 칼빈의 가견적 교회 사상을 구원의 은혜가 눈에 드러나는 성도로 구성된 교회론(visible saints)으로 발전시켰다. 청교도들은 교회의 은혜의 상태에 대한 가시성을 말하였는데, 특별히 뉴잉글랜드 청교도들이 더욱 강조하였다. 뉴잉글랜드의 초대 주지사인 존 윈스롭(John Winthrope)은 그의 유명한 작품인 'Christian Charity(그리스도인의 자비, 1630)'에서 '언덕 위의 도시(The City upon a Hill)'[106]라는 말을 사용하였는

---

106 마태복음 5장 14절(너희는 세상의 빛이라 산 위에 있는 동네가 숨겨지지 못할 것이요)로부터 나온 용어이다.

데, 구원의 은혜가 분명한 자들이 사회적으로 영향력을 나타내는 것을 강조하였다.

그러나 교회의 영적 상태는 항상 같지 아니하며, 때로는 은혜의 상태에 있지만 때로는 그렇지 못할 때가 있다. 이는 복음의 순수성과 성례의 시행의 순수성과 공예배를 시행하는 방법의 순수성에 따라서 진정한 교회의 여부를 확인하였다. 그러나 진정한 교회는 정도의 차이가 있지만 교회에 구원 백성의 가시성으로 인하여 눈에 보일 것이다. 그러나 로마가톨릭교회는 항상 온 세상에서 가장 영광스러운 모습을 하고 있다고 주장하지만 청교도들은 적그리스도의 교회라고 하였다.

25.5. 지상에서 가장 순수한 교회라도 (잘못된 교리의) 혼합과 오류에 빠질 수 있으며(마13:24-30, 47; 고전13:12; 계2-3장). 어떤 교회는 타락하여 그리스도의 교회가 결코 아니며 사단의 회중이 되기도 한다(롬11:18-22; 계18:2). 그럼에도 불구하고, 지상에는 하나님의 뜻에 따라 예배하는 교회가 항상 있다(시72:17; 시102:28; 마16:18; 마28:19-20).

순수한 교회라고 할지라도 오류가 들어올 경향을 지니고 있기 때문에 교회는 계속 개혁되어야 한다. 그러나 교회가 오류에 빠져 있다면 그리스도의 교회가 아니다. 오류의 근원은 사단이며, 사단은 오류를 가지고 교회를 공격하여 타락하게 하는 일을 하고 있다.

하나님의 진정한 교회는 세상에서 항상 보전된다. 진정한 그리스도의 교회는 결코 없어지지 않는다. 진정한 구원의 은혜를 위해서는 참된 교회의 표지를 알아야 하며, 참된 목자를 분별하여 참된 교회를 찾아가야 한다.

> **25.6.** 주 예수 그리스도외에 교회의 다른 머리는 없다(엡1:22; 골1:18). 로마의 교황은 어떤 의미에서든지 교회의 머리가 아니다. *그는 적그리스도이며, 죄악의 사람이며, 저주의 아들이며, 교회 안에서 스스로를 하나님으로 높이며, 그리스도를 대적한다(마23:8-10; 살후2:3-4, 8-9; 계13:6).* [107]

영국 국교회는 교회의 머리로서 국왕을 말하였다. 이것을 국교회주의 혹은 에라스티언주의라고 하는데, 청교도들은 반대하였다. 존 오웬은 국교회주의는 교회를 부패시키는 정치제도라고 하였다. 영국의 국교회주의는 헨리 8세가 개인의 결혼을 위해서 로마가톨릭으로부터 떠나면서, 그리고 엘리자베스 여왕이 통일령을 통하여 로마가톨릭교회와 개신교를 섞으면서 본격화되었다.

청교도들은 영국 국교회의 정치제도의 오류를 지적하면서 로마 교회의 교황제도에 대해서도 비판하였다. 청교도들은 로마 교회의 교황은 교회의 머리가 결코 될 수 없다고 말하였으며, 교황을 적그리스도

---

107 1903년의 개정판에서 이 부분을 삭제하였다. 1936년의 개정판과 현대어 판에서도 이 부분을 삭제하였다.

로 불렸다. 그러나 20세기에 들어 신학의 문이 넓어진 미국 장로교회는 1903년 웨스트민스터 신앙고백서 25장 6항을 개정하여서 교황이 적그리스도라고 말한 부분을 삭제하였다.

제26장 성도의 교통

26.1. 모든 성도들은 그의 성령에 의해서, 그리고 믿음으로 그들의 머리이신 그리스도에게 연합되어있으며, 그의 은혜와 고통과 죽음과 부활과 영광 안에서 그리스도와 교제를 갖는다(요일1:3; 엡3:16-19; 요1:16; 엡2:5, 6; 빌3:10; 롬6:5, 6; 딤후2:12). 그리고 모든 성도들은 사랑 안에서 서로 연합되어서 각각 가지고 있는 은사와 은혜 안에서 교제를 가지며(엡4:15, 16; 고전12:7; 3:21-23; 골2:19), 공적으로나 사적으로 의무를 이행하여, 내적으로나 외적으로 피차간에 유익이 되게 한다(살전5:11, 14; 롬1:11, 12, 14; 요일3:16-18; 갈6:10).

웨스트민스터 신앙고백서의 26장에서는 그리스도의 교회의 머리되심과 모든 그리스도인들이 그리스도의 교회에 연합된 것을 설명하였다. 1항의 시작 부분은 우리가 그리스도에게 어떻게 연합되어지는 것으로 설명하여 끝 부분은 그리스도와 그의 백성의 교통을 다룬다. 믿음으로 그리스도를 붙잡아 그리스도에게 연합되어짐으로 구원의 은덕들에 참여하게 된다. 그리스도에게 연합된 이후 그리스도 안에 살면서 그리스도로부터 힘을 얻으며, 영적인 삶이 유지된다. 진정한 신자들은 모두 연합되어 있는 한 살아있는 몸을 이루며, 서로 거룩한 교제와 교통을 유지한다. 이것을 성도의 교제라고 부른다.

그러나 로마가톨릭교회와 영국 국교회는 개인이 성례전을 통해서 교회에 연결되며, 교회를 통해서 그리스도에 연결된다고 주장한다. 이는 오류이다. 또한 도나투스주의자와 분리주의자들은 위선자들로 인하여 하나님께 드리는 예배가 오염되며, 다른 사람들을 오염시킨다고 주장하면서, 위선자들로부터 자신들을 반드시 분리시켜야 한다고 말한다. 그러나 그리스도 당시 유대교회는 예배가 상당히 부패되었다. 그러나 그리스도는 그들로부터 자신을 분리시키지 않으시고, 회당에 가셔서 설교하셨다. 한편으로 20세기와 오늘날의 세계교회연합(WCC)은 교회의 외적 일치를 강조하는 나머지 예배를 통일하는 작업을 하고 있으며, 외적 통일을 위해서 신학적 차이를 무시하고, 오류에 대해서도 눈을 감는다. 이것은 그리스도와 신자의 연합이 아니다. 진정한 그리스도와의 연합은 진정한 신자들이 전제되어야 한다. 더욱이 인간이 교회의 연합을 주도하는 것이 아니다. 이미 성령께서 연합하여 놓으신 것을 다만 지킬 뿐이다(엡 4:3).

26.2. 신앙고백으로 성도들은 거룩한 교제를 유지해야 하며, 하나님의

> 님의 예배 가운데 교통을 유지시켜야 하고, 다른 영적인 봉사를 실행하여 도와 서로를 세워야 한다(히10:24, 25; 행2:42, 26; 사2:3; 고전11:20). 각자의 여러 능력들과 필요에 따라서 물질적인 것들을 가지고 서로를 돕는 것은 성도들의 의무이다. 하나님께서 기회를 주실 때, 이 교통은 주 예수 이름을 부르는 모든 곳의 사람들에게 확대되어야 한다(행2:44, 45; 요일3:17; 고후8, 9장; 행11:29, 30).

성도는 함께 모여 공적으로 하나님을 예배해야 하며, 서로의 덕을 세우는 영적의무를 다해야 한다. 그리고 각자의 능력과 기회에 따라 물질을 베풀어야 한다. 기회를 강조하였던 것은 청교도들의 공동체 사상에서 자비의 사역의 중요성을 강조하였기 때문이다. 이는 교회의 은혜의 가시성을 나타내는 것으로 보았기 때문이다.

> **26.3.** 성도들이 그리스도와 갖는 교통은 그들로 신성의 본질에 참여하게 만들거나 혹은 어떤 면에서 그리스도와 동등하게 만드는 것이 결코 아니다. 이것 가운데 어느 하나라도 동의하는 것은 불경하고, 신성 모독적인 것이 된다(골1:18, 19; 고전8:6; 사42:8; 딤전6:15, 16; 시45:7; 히1:8, 9). 성도들로서 서로 갖는 교통은 각 사람의 권리 또는 자기 자신의 물건이나 소유에 대한 권리를 빼앗거나 침해하지 않는다(출20:15; 엡4:28; 행5:4).

신자가 그리스도와의 교제를 나눈다고 해서 신성의 본질에 참여하는 것이 아니다.

제27장 성례

27.1. 성례는 은혜언약의 거룩한 표시이며 인증이다(롬4:11; 창17:7, 10). 그것은 하나님이 직접 제정하셨으며(마28:19; 고전11:23), 그리스도와 그의 은덕들을 나타내고, 그 안에서 우리가 받는 유익을 확증하며(고전10:16; 11:25, 26; 갈3:27, 17), 또한 교회에 속한 사람들과 세상에 속한 나머지 사람들을 볼 수 있게 구별하며(롬15:8; 출12:48; 창34:14), 그리스도인들로 하나님의 말씀을 따라, 그리스도 안에서 하나님을 예배하는 것에 엄숙하게 참여하게 한다(롬6:3, 4; 고전10:16, 21).

성례는 복음과 은혜언약의 표시(sign)이며 인증(seal)이다. 성례는 4가지 기능을 한다. 그리스도의 구원사역을 가리키고 있으며, 그리스도와 우리와의 관계를 나타내고 있다. 그리스도가 머리됨을 보여주기 때문에 그의 백성이 헌신해야 된다는 것과 예배해야 함을 나타내고 있다.

성례에 대해서 오류들이 있다. 소시니안주의자들은 성례를 그리스도의 제자들과 다른 사람들을 구별하는 휘장의 의미로만 간주하며, 재세례파는 성례를 은혜언약의 표시로 보지 않는다. 한편으로 로마가톨릭교회와 루터 교회는 표지와 은혜 사이를 동일한 것으로 보면서, 표지가 의미하는 상징성을 보지 않는다. 그래서 로마가톨릭교회는 세례로 중생한다고 주장한다.

> **27.2.** 모든 성례에는 보이는 표시와 그것이 나타내는 실체 사이에 영적 관계 혹은 성례적 연합이 있다. 그래서 표시의 명칭들과 효과들은 실체에 기인한다(창17:10; 마26:27, 28; 딛3:5).

성례를 제정하신 목적은 새 언약의 혜택들을 신자들에게 적용하시는 것이다.

> **27.3.** 성례가 올바르게 집행될 때, 나타나는 은혜는 그것들 안에 있는 어떤 힘에 의해서 주어진 것이 아니다. 성례의 효력은 그것을 집행하는 자의 경건이나 혹은 의도에 달려 있는 것이 아니라(롬2:28, 29; 벧전3:21), 성령의 사역과(마3:11; 고전12:13), 성례의 제정의 말씀에 달려 있으며, 이는 성례를 집행하는 것에 권한을 부여하는 계명과 함께 합당하게 받는 자들에 대해 유익의 약속을 포함한다(마26:27, 28; 28:19, 20).

성례 자체가 구원의 은혜를 줄 수 없다. 성례의 효력은 성령의 사역과 성례 가운데 있는 말씀에 달려 있다.

그러나 로마가톨릭교회는 성례 자체가 효력을 준다고 주장한다. 그리고 성례를 집행하는 사제의 의도가 성례에 근본적으로 영향을 미친다고 주장한다. 이는 오류이다. 또한 루터주의자들은 성례가 직접적으로 칭의의 유효한 원인이 된다고 주장한다. 잘못된 가르침이다. 그리고 도나티스주의자와 재세례파는 성례가 경건하지 않은 자에 의해 시행되었다면 효력이 없다고 주장하는데, 오류이다.

> **27.4.** 복음에서 그리스도 우리 주께서 정하신 성례는 오직 두 가지인데, 세례와 주의 성찬이다. 성례는 합법적으로 안수를 받은 말씀의 사역자 외에 어떤 자도 집행할 수 없다(마28:19; 고전11:20, 23; 고전4:1; 히5:4).

개혁교회에서의 성례는 오직 두 가지로서, 세례와 주의 성찬이다. 그러나 로마가톨릭교회는 7성례를 주장하며, 경우에 따라 평신도가 세례를 베풀 수 있다고 주장한다.

> **27.5.** 영적 실체와 나타내는 것과 관련하여, 구약의 성례는 신약의 성례와 동일하다(고전10:1-4).

구약의 성례는 할례와 유월절이다. 할례는 세례로, 유월절은 성찬으로 대체되었다. 구약의 성례는 장차 오실 그리스도를 나타내고, 신약의 성례는 이미 오신 그리스도를 나타낸다.

제28장 세례

28.1. 세례는 예수 그리스도께서 제정하신 신약의 성례로서(마28:19), 세례 받은 자를 유형교회로 엄숙히 받아들이는 것일 뿐만 아니라(고전12:13), 그에게 은혜언약과(롬4:11; 골2:11, 12), 그리스도에게 접붙임 된 것과(갈3:27; 롬6:5) 중생과(딛3:5) 죄 사함과(막1:4) 그리스도를 통해서 하나님에게 굴복되어 새 생명 가운데 행하는 것의(롬6:3, 4) 표시이며, 인증이다. 이 성례는 그리스도 자신이 친히 정하신 것으로서 그의 교회 안에서 세상 끝 날까지 계속 집행되어야 한다(마28:19, 20).

물세례는 성령세례 혹은 영적세례를 상징한다. 중생의 씻음과 성령의 새롭게 하심이 있는 것을 증거한다. 성령의 씻음은 그리스도와 연합시키고, 그리스도와의 연합은 죄 사함과 구원의 유익들을 얻게 된다. 세례의 목적으로 주의 백성이 되어 그리스도를 열심히 섬기겠다는 것을 언약하여 보이는 표시이며, 기독교회에 공식으로 가입하는 표시이고, 교회에 속해있다는 표시이다. 다른 그리스도인들과 결합된다는 상징의 의미가 있다.

그러나 퀘이커주의자들은 물세례가 일시적인 제도로서 성령 시대에는 성령세례가 물세례를 대체하였다고 주장하였다. 성경적이지 않은 주장이다.

> **28.2.** 이 성례에서 사용되는 외형적 요소는 물이며, (세례 받을) 당사자는 성부와 성자와 성령의 이름으로, 합법적으로 부르심을 받은 복음의 사역자에 의해 물로 세례받는다(마3:11; 요1:33; 마28:19, 20).

세례의 외적 요소는 물인데, 이 요소는 그리스도의 보혈과 영을 상징한다. 물이 몸에서 더러운 것을 씻어내는 것과 같이 그리스도의 보혈이 죄책을 제거하고 더럽혀진 양심을 깨끗하게 한다. 성부와 성자와 성령의 이름으로 집행되는 것은 성삼위 하나님의 권위로 세례를 받는 것을 의미한다. 세례는 합법적으로 세우심을 받은 복음사역자에 의해 집행되어야 한다.

> **28.3.** 사람을 물에 잠기게 하는 것이 필요한 것은 아니며, 세례는 사람 위에 물을 붓거나 뿌려지는 것으로 바르게 집행되어야 한다(히9:10, 19-22; 행2:41; 16:33; 막7:4).

세례를 베푸는 방식에 있어서 몸에 물을 붓거나(막7:4) 뿌리거나(히 9:19-22) 물속에 잠기는 방식이 있다(행2:41). 3항에서는 물에 잠기는 것이 필수적인 것이 아니라고 하였다. 물을 붓거나 뿌리는 방식으로 세례를 행할 수 있다고 하였다. 그러나 침례교파에서는 오직 물에 잠기는 방식만이 유효하다고 주장한다. 물에 잠기는 것을 강조하는 침례교파는 1637년 독일의 재세례파에서 유래된 것으로 본다.

28.4. 그리스도에 대한 믿음과 순종을 개인적으로 고백할 뿐만 아니라(막16:15, 16; 행8:37, 38), 부모 모두 믿거나 혹은 한편만 믿는 자의 유아들은 세례를 받아야 한다(창17:7, 9; 갈3:9, 14; 골2:11, 12; 행2:38, 39; 롬4:11, 12; 고전7:14; 마28:19; 막10:13-16; 눅18:15).

세례를 받기 전에 믿음이 먼저 요구되며, 확인되어져야 한다. 신자의 자녀들은 언약 안에 있는 것으로 간주되어서, 세례를 받을 권리가 있다. 하나님이 아브라함과 맺은 언약은 지금 신자들과 맺으신 언약과 그 본질이 동일하다. 이렇게 자녀에게 유아세례를 주는 것은 은혜언약의 연속성과 할례와 세례를 유사한 것으로 보며, 신자의 자녀들을 따로 구별하고, 언약을 확장하는 면에서, 그리고 예수님께서 어린이들을 축복하신 것으로부터 유추한 것이다.

조나단 에드워즈의 외할아버지인 솔로몬 스토다드(Solomon Stoddard, 1643-1729)는 절반 언약(Half Way Covenant)를 고안하여서, 부모 가운데 한 사람만 회심하여도 그들의 자녀들에게 세례를 베풀었다. 이러한 절반 언약으로 인하여 교회가 영적으로 경건의 능력을 잃어가는 것을 염려하여 개혁하려 하였던 조나단 에드워즈는 이로 인하여 어려움을 겪었다.

재세례파와 침례 교단은 유아세례를 반대하며, 오늘날 유아세례를 헌아식(dedication)으로 대체하는 교단들도 있다. 이는 은혜언약의 의미를 온전히 이해하지 못한 것으로부터 나온다.

> **28.5.** 이 의식을 모독하거나 무시하는 것이 큰 죄일지라도(눅7:30; 출4:24, 26) 그럼에도 불구하고 은혜와 구원이 세례와 분리될 수 없도록 병합된 것이 아니어서, 세례 없이 중생할 수 없다거나 구원받을 수 없는 것은 아니며(롬4:11; 행10:2, 4, 22, 31, 45, 47), 또는 세례받은 모든 사람들이 의심 없이 중생된 것은 아니다(행8:13, 23).

세례는 중생이 아니다. 세례 받은 사람이 모두 거듭나는 것은 아니다. 그러나 로마가톨릭교회는 세례가 중생시킨다고 주장하고, 영국 국교회도 로마 교회의 가르침을 따라가는데 이는 오류이다. 루터주의자들은 세례가 구원에 필수적이며, 세례를 받는 순간에 대부분 중생한다고 주장하는데 잘못된 것이다.

현대 복음주의 교회에서 그리스도를 믿는다고 결심하면 중생한다고 말한다. 이를 결심 중생론(decisional rebirth)이라고 부른다. 마찬가지로 세례가 중생을 갖다 준다고 가르치는 자들이 있는데, 오류이다. 더욱이 오늘날 교회는 세례를 무시하고, 교회의 회원권을 중요하게 생각하지 않는다. 이는 교인들로 세례를 무시하게 만드는 것이다.

> **28.6.** 세례의 효력이 세례가 집행되는 그 순간에 묶여 있는 것은 아니며(요3:5, 8). 그럼에도 불구하고, 이 의식을 바르게 집행함으로서 약속된 은혜가 제공될 뿐만 아니라, 하나님이 정하신 때에 하나님 자신의 뜻에 따라서 은혜에 속한 이들에게(그들이 성인이든 혹은 유아이든) 성령에 의해 은혜가 실제적으로 나타나고 수여된다(갈3:27; 딛3:5; 엡5:25, 26; 행2:38, 41).

6항의 설명은 뉴잉글랜드 청교도의 교회론과 차이가 있다.[108] 뉴잉글랜드 청교도들은 반드시 회심한 자에게만 세례를 베풀었다. 또한 아버지와 어머니 모두 회심한 자의 유아에게만 유아세례를 베풀었다. 유아세례의 경우, 중생의 필요성을 강조하는 것이며, 하나님께서 정해 놓으신 때에 회심하게 하실 것을 바라보게 한다. 한편으로 세례받은 모든 자가 다 거듭난 것은 아니다.

> **28.7.** 세례의 성례는 어떤 사람에게나 오직 한 번만 시행되어야 한다 (딛3:5).

---

108 웨스트민스터 신앙고백서는 때때로, 이견이 있는 경우에 협의하여 조정된 문구로 작성되었다.

제29장 주의 성찬

29.1. 우리 주 예수께서는 그가 잡히시던 날 밤에 주의 성찬이라고 부르는 자신의 몸과 피의 성례를 제정하시어, 자신의 교회에서 세상 끝 날까지 지키게 하셨는데, 이는 그가 죽으심으로 자신을 친히 희생 제물로 드린 것을 영원히 기억하게 하고, 진정한 신자들에게 그의 죽음의 모든 은덕들을 보증하기 위한 것이며, 그리스도 안에서 영적 공급과 성장을 위하고, 그리스도에게 마땅히 드려야 할 모든 의무의 실행에 헌신의 증가를 위해서, 그리고 그의 신비적 몸의 지체로서 그리스도와 서로(신자들) 간의 교제의 결속과 서약을 위한 것이다(고전 11:23-26; 10:16, 17, 21; 12:13).

성찬은 그리스도의 희생을 기억하게 하시고, 그리스도의 희생이 주는 구원의 유익들과 그리스도 안에서 영적인 양식을 먹고 성장해야 할 의무를 증거한다. 성찬은 신자가 그리스도와 교제를 나눈다는 것과 신자들이 상호 간에 교제를 나누는 것을 보증하는 증거이다. 그러나 재세례파는 주의 성찬이 복음의 성례가 아니라고 주장한다.

> **29.2.** 이 성례에서 그리스도가 성부에게 바쳐지는 것이 아니며, 산자와 죽은 자의 죄의 용서를 위해 실제로 희생되어지는 것이 전혀 아니다(히9:22, 25, 26, 28). 대신에 이 성례는 오직 그리스도께서 자신을 십자가에서 단번에 드린 희생을 기념하는 것이며, 하나님에 대한 가능한 모든 찬양의 영적 봉헌이다(고전11:24-26; 마26:26, 27). 그러므로 로마가톨릭교회의 미사의 희생은 선택받은 자들의 모든 죄를 위한 유일한 속죄인 그리스도의 단 한번의 희생 제사를 가장 혐오스럽게 손상시키는 것이다(히7:23, 24, 27; 10:11, 12, 14, 18).

성찬이 그리스도의 속죄적 죽음을 기념하는 것이라고 말하면서 로마가톨릭교회의 화체설이 미신적이라는 것을 드러내고 있다. 로마가톨릭교회는 미사를 제사라고 주장한다. 또한 루터교의 공재설도 잘못된 가르침이라고 설명한다.

> **29.3.** 주 예수께서는, 이 의식에서 자신의 사역자들로 자신이 제정하신 (성찬의) 말씀을 백성들에게 선포하게 하시고, 기도하며, 떡과 포도주를 축복하여 일반 용도에서 거룩한 용도로 구별하게 하셨고, 떡을 취하여 떼어내며, 잔을 들어 (자신들도 나누며) 성찬에 참여한 자들에게 나누어 주게 하셨다(마26:26-28; 막14:22-24; 눅22:19, 20; 고전11:23-26). 그러나 회중 가운데 있지 않은 자들에게는 줄 수 없게 하셨다(행20:7; 고전11:20).

29.4. 사적(私的)인 미사, 즉 성례를 한 사제나 혹은 어떤 다른 사람에 의해 혼자 받는 것이나(고전10:6), 비슷하게, 잔을 회중에게 나누어 주는 것을 거부하거나(막14:23; 고전11:25-29), 떡과 포도주를 예배하거나, 경배의 목적으로 높이 들거나, 혹은 가지고 돌아다닌다거나, 거짓의 종교적인 용도를 위하여 그것들을 남겨 두는 것은 이 성례의 성질과 그리스도의 제정하신 것에 모두 반대된다(마15:9).

29.5. 이 성례에서 외형적 요소들은 그리스도께서 정하신 용도로 마땅히 구별되어, 십자가에 못 박히신 그리스도와 관계를 가진다. 그것들은 오로지 성례적으로, 그들이 나타내는 것들의 이름으로서 즉, 그리스도의 몸과 피로 때때로 불린다(마26:26-28). 그렇다고 해도 그 실체와 성질은 전과 같이 오직 떡과 포도주로 남아 있다(고전11:26-28; 마26:29).

29.6. 사제의 축사 혹은 다른 방식에 의해서 떡과 포도주의 실체가 그리스도의 몸과 피의 실체로 바뀐다는 교리는(일반적으로 화체설로 부른다) 성경뿐만 아니라 일반 상식과 이성에 대해 혐오스러운 것이다. 이러한 교리는 성례의 본질을 내던지는 것이며, 많은 미신들과 역겨운 우상숭배의 원인이었으며, 지금도 원인이다(행3:21; 고전11:24-26; 눅24:6, 39).

로마 교회의 화체설은 미사를 희생으로 보았는데, 이는 명백한 오류이다. 이는 사람들로 미신적이게 만드는 것이다. 하이델베르크 교리문답서 80번도 이것을 언급하고 있다. 그러나 하이델베르크 요리문답서를 3대 신앙고백서 가운데 하나로 사용하고 있는 북미주 개혁교회(Christian Reformed Church)는 2006년의 대회에서 로마가톨릭교회의 미사가 우상적이지 않다는 것을 확고히 하였다.

> **29.7.** 이 성례를 합당하게 받는 자들은 보이는 요소들에 외적으로 참여하면서(고전11:28) 내적으로는 믿음으로 참여하는데, 이는 진정으로 물리적인 것이 아니라 영적인 것으로 십자가에 못 박히신 그리스도와 그의 죽음의 모든 은덕들을 받아들이며 먹는 것이다. 그리스도의 몸과 피는 물리적으로 떡과 포도주 안에 함께 혹은 아래에 있는 것이 아니다. 그러나 이 의식에서 그리스도의 몸과 피는 떡과 포도주가 물리적으로 인식되듯이 실제적인 영적 인식으로 믿음의 신자들에게 주어진다(고전10:16).

루터교는 공재설을 주장하는데, 떡과 포도주가 실제로 그리스도의 몸과 피로 변하는 것은 아니지만 그 안에 물질적으로 있다는 것이다. 이것은 오류이다.

> **29.8.** 비록 무지한 자와 악한 자가 이 성례의 외적 요소를 받았다 할지라도 그들은 그 요소가 의미하는 것들을 받지 못하였다. 오히려, 그 성례에 합당치 못하게 참예함으로서 그들은 주의 몸과 피를 범하는 죄를 지어 자신들을 스스로 정죄하였다. 따라서 모든 무지한 자와 불경

> 건한 자들은, 주와 교제를 즐기기에 적합하지 않기 때문에, 주의 성찬에 참여할 자격이 없다. 그들이 자격이 없는 한, 그리스도에 대하여 큰 죄를 범하는 것 없이, 이 거룩한 신비에 참여 할 수 없으며(고전 11:27-29; 고후6:14-16), 주의 성찬에 허락될 수 없다(고전5:6, 7, 13; 살후3:6, 14, 15; 마7:6).

교회의 직분자들은 무지하고 불경한 자들이 성찬에 참여하지 못하도록 주의를 기울어야 한다. 성례를 더럽히는 자들에게는 일시적 심판이 주어질 수 있다.

제30장 교회의 권징

30.1. 교회의 왕이요 머리이신 주 예수께서 교회 안에 정치를 제정하셨는데, 이는 시민 공직자로부터 구별되는 교회의 직원들에 의해 시행된다(사9:6, 7; 딤전5:17; 살전5:12; 행20:17, 18; 히13:7, 17, 24; 고전12:28; 마28:18-20).

교회 정치가 세속 정부로부터 구별되는 것을 분명히 하고 있는데, 이는 영국 국교회의 에라스티언주의를 반박하기 위한 것이다. 에라스티언주의자들은 성경에는 정해 놓으신 교회정치 제도가 없으며, 그리스도께서도 정해 놓으신 것이 없다고 하면서, 교회와 세속의 정치에 구별이 없다고 주장하였다. 웨스트민스터 총회는 장로교 정치를 지지하였고, 에라스티언주의에 대해 반대하였다. 더욱이 청교도들은 로마 가톨릭교회와 영국 국교회의 성직자들의 계급제도에 대해서도 반대하였다. 그러나 웨스트민스터 총회 이후 청교도들 사이에 회중주의자들과 장로교주의자들의 교회정치에 대한 논쟁이 있었다.

> **30.2.** 이 직원들에게 천국의 열쇠가 맡겨져 있다. 이로 인하여 그들은 죄를 보류시키며, 죄를 용서하는 권한을 가지고 있어서, 회개하지 않는 자에 대해서는 말씀과 권징으로 천국 문을 닫고, 회개하는 죄인에게는 복음의 사역과 경우에 따라서 권징의 사면으로서 천국 문을 연다(마16:19; 18:17, 18; 요20:21-23; 고후2:6-8).

교회의 권한은 교직자들에 의해서 질서 있게 행사되어야 한다. 그리고 교리와 진리를 선언할 권리가 교회에 있다. 더욱이 교회는 공중예배의 절차를 규정할 권한이 있다. 2항에서 열쇠의 권한이라는 것은 교회의 교제로 받아들이며, 혹은 부적당한 사람을 교제에서 제거할 수 있는 권리가 있다는 것이다.

> **30.3.** 교회의 권징이 필요한 것은 범죄한 형제들을 되찾아 얻기 위함이요, 다른 사람들로 비슷한 죄를 짓지 않게 하며, 전체 덩어리를 오염시킬 수 있는 누룩을 제거하기 위한 것이고, 그리스도의 명예와 복음의 거룩한 고백을 옹호하기 위함이다. 악명이 높으며, 완고한 범죄자에 의해 그의 언약과 언약의 인침이 더럽혀짐으로 교회에 임할 하나님의 진노를 피하기 위함이다(고전5장; 딤전5:20; 마7:6; 딤전1:20; 고전11:27-34; 유23).

권징의 목적은 교회의 순수성을 지키는 것이며, 오류를 범한 형제들을 돌아오게 하며, 다른 형제들로 같은 죄를 짓지 않도록 하고, 세상에 대해서 의와 거룩함을 드러내는 것이다.

> **30.4.** 이러한 목적들을 보다 효과적으로 얻기 위해서, 교회의 직원들은 당사자의 범죄의 성질과 정도에 따라서 권고, 한시적인 수찬정지, 그리고 출교로 진행할 수 있다(살전5:12; 살후3:6, 14, 15; 고전5:4, 5, 13; 마18:17; 딛3:10).

교회의 직원들은 죄의 가볍고, 무거움을 판단하여 권징의 정도를 결정한다. 일시적인 것으로는 성찬 수여를 한시적으로 정지할 수 있다. 권징의 단계적 순서는 사적인 충고와 공적인 충고, 그리고 수찬정지와 출교이다.

제31장 대회와 총회

31.1. 보다 나은 교회의 정치와 교회 건덕을 위해서 보통 대회 혹은 총회라고 부르는 모임들이 있어야 한다(행15:2, 4, 6). 교회의 감독자들이나 각 교회의 치리자들은 교회를 파괴하는 것이 아니라 굳게 세우기 위해서 그리스도께서 주신 직무과 권한으로 이런 모임들을 지정하고 (행15), 교회의 신을 위해서 필요하다고 판단되는 대로 자주 모임들을 소집할 권한이 있다(행15:22-23, 25).[109]

31.2. 공직자들은 합법적으로 목회자들의 대회와 그 외 적합한 사람들을 불러서 신앙의 문제에 대해서 상의하게 하고, 조언하게 할 수 있다(사49:23; 딤전2:1-2; 대하19:8-11; 대하29, 30장; 마2:4-5; 잠11:4) 만약에 공직자가 교회에 대해서 공개적으로 원수가 된다면, 그리스도의 사역자들과 자신들에게 속한 자들은 자신들의 직무에 의해

---

[109] 1788년 개정판에서 이 부분이 추가 삽입되었다.

교회가 파견한 다른 적합한 사람들과 이러한 회의에서 함께 만나 (논의할) 수 있다(행15:2, 4, 22-23, 25).[110]

31.3. 대회와 총회는 목회적으로 신앙에 대한 논쟁과 양심의 경우들을 결정하고, 하나님께 드리는 공예배와 교회 정치에서 보다 나은 질서를 위해 규칙과 지침을 마련하고, 잘못된 행정에 대한 불평을 접수하여 권위 있게 결정한다. 대회와 총회의 법령과 결정이 하나님의 말씀에 일치하는 경우에, 그것들은 존경과 복종으로 받아들여져야 하는데, 하나님의 말씀에 일치하기 때문일 뿐만 아니라, 하나님께서 자신의 말씀에서 정하신 규례로서 만들어진 권위 때문이다(행15:15, 19, 24, 27-31, 16:4; 마18:17-20).[111]

웨스트민스터 총회는 장로교 정치를 채택하였고, 독립회중주의를 반대하였다. 독립회중주의는 각각의 회중 혹은 교회가 자체로 완전한 권한과 권세를 가지고 있다고 주장하였다.

31.4. 사도 시대 이후로 모든 대회나 총회는 일반적이거나, 특별하거나 실수를 범할 수가 있으며 그리고 많이 실수를 하였다. 따라서 그 회의들이 믿음 혹은 실천의 규칙이 되어서는 안 되며, 믿음 혹은 실천에

---

110   1788년 개정판에서 이 항목을 삭제하였다. 따라서 현대판에도 이 부분은 없다.
111   1788년의 개정판과 현대어 판에서는 2항에 해당된다.

관하여 도움을 주는 (수단)으로 사용되어야 한다(엡2:20; 행17:11; 고전 2:5; 고후1:24).[112]

31.5. 노회와 총회들은 교회에 관한 것만 다루거나 혹은 결론 내려야 하며, 국가와 관련이 있는 사회 문제에 간섭해서는 안 된다. 예외로, 특별한 경우에 겸손한 청원의 방식이나 혹은 시민 공직자가 조언해주기를 요청하였다면 양심의 충족을 위해 조언의 방식으로 할 수 있다(눅 12:13-14; 요18:36).[113]

교회가 국가 문제에 간섭하지 않는 것을 원칙으로 하고 있다. 비상한 경우라고 하는 예외적 조항을 두었다.

---

112 1788년의 개정판과 현대어 판에서는 3항에 해당된다.
113 1788년의 개정판과 현대어 판에서는 4항에 해당된다.

종말론

제32장 사후 상태와 죽은 자의 부활

32.1. 사람의 육체는 사후에 흙으로 돌아가 썩게 되지만(창3:19; 행13:36) 영혼(결코 죽거나 잠들지 않는)은 불멸하는 존재이어서 그것들을 주신 하나님에게 즉시 돌아간다(눅23:43; 전12:7). 의인의 영혼은 거룩함으로 완전하게 되고, 지극히 높은 하늘로 영접되어, 그곳에서 빛과 영광 가운데 하나님의 얼굴을 바라보며, 그들의 몸의 완전한 구속을 기다린다(히12:23; 고후5:1, 6, 8; 빌1:23; 행3:21; 엡4:10). 악인의 영혼은 지옥으로 내던져, 고통과 완전한 어두움 속에서 지내며, 큰 날의 심판을 위해 갇혀 지낸다(눅16:23, 24; 행1:25; 유6, 7; 벧전3:19). 성경은 그들의 몸으로부터 분리된 영혼이 갈 곳으로 이 두 장소 외에 다른 어떤 곳도 인정하지 않는다.

1항의 설명은 로마가톨릭교회의 연옥 교리와 유아 림보 교리를 반대하는 것이다. 재세례파는 영혼수면설을 주장하는데, 이것 또한 오류이다. 사후 영혼이 그리스도가 오실 때까지 인식이 정지된 상태에 있다는 주장도 오류이며, 현대복음주의자들 가운데 존 스토트(John Stott, 1921-2011)와 같이 영혼 멸절을 말하는 자들이 있는데, 이것 역시 오류이다.

32.2. 마지막 날에 살아 있는 자들은 죽지 않고 변화될 것이며(살전 4:17; 고전15:51, 52), 죽은 모든 자들은 전과 동일한 몸으로 부활될 것이며, 비록 다른 특성을 가졌지만 그들의 영혼과 영원히 다시 결합될 것이다(욥19:26-27; 고전15:42-44).

32.3. 불의한 자들의 몸은 그리스도의 능력으로 부활하여 수치를 당하게 될 것이며, 의로운 자들의 몸은 그리스도의 영에 의해 부활하여 영광에 이르며 그리스도 자신의 영화로운 몸에 따르는 것이 될 것이다 (행24:15; 요5:28, 29; 고전15:43; 빌3:21).

3항으로부터 웨스트민스터 총회원들이 반대하였던 오류들을 확인해 볼 수 있다. 총회원들은 로마가톨릭의 마지막 심판에서 최종적으로 의롭게 된다는 2중적 칭의론을 반대하였다. 또한 알미니안주의자들이 칭의의 상태에서 떨어질 수 있다고 주장하면서, 의롭다 함을 받는 것은 마지막 심판에 완성된다는 주장은 오류이다. 오늘날 바울의 새 관점에서 마지막에 행위의 여부에 따라서 의롭게 된다는 주장 역시 오류이다. 마지막 심판은 다만 위로와 입증(vindication)이다.

제33장 최후 심판

33.1. 하나님은 예수 그리스도로 말미암아 의로써 세상을 심판하실 한 날을 정하셨다(행17:31). 예수 그리스도에게 모든 심판하는 권세가 성부로부터 주어졌다(요5:22, 27). 그날에 타락한 천사들이 심판을 받을 뿐만 아니라(고전6:3; 유6; 벧후2:4), 이 땅에 살았던 모든 사람이 그리스도의 심판대 앞에 서서 자기들의 생각과 말과 행위들을 설명해야 하며, 그들이 선악 간에 몸으로 행한 것에 따라서 심판을 받을 것이다(고후5:10; 전12:14; 롬2:16; 14:10, 12; 마12:36, 37).

33.2. 하나님께서 이날을 정하신 목적은 선택받은 자들의 영원한 구원 속에서 자신의 자비의 영광을 나타내고, 악하며 불순종하는 유기된 자들의 정죄 속에서 자신의 공의의 영광을 나타내는 것이다. 그날에 의로운 자들은 영원한 생명으로 들어갈 것이며 주의 임재로부터 나오는 충만한 기쁨과 새롭게 함을 받을 것이다. 그러나 하나님을 모르고,

> 예수 그리스도의 복음에 순종하지 않은 악인들은 영원한 고통 가운데로 던져질 것이며, 주의 임재와 그의 권세의 영광으로부터 오는 영원한 멸망으로 심판받게 될 것이다(마25:31-46; 롬2:5, 6; 9:22, 23; 마25:41; 행3:19; 살후1:7-10).

하나님의 작정이 성취되며(행17:31), 하나님의 영광이 입증된다(전3:16). 물론 하나님의 공의는 선언될 것이며, 모든 사람들을 심판대 앞으로 불러내실 것이다. 하나님 자신의 성도들이 나아오며, 그의 백성으로 증거되고, 그들의 선행에 대해서 상을 주실 것이다. 그러나 악인에게는 완전한 심판이 행해질 것이다. 마지막 날에, 그리스도의 부활의 능력에 의해서 선택된 자는 그리스도의 몸의 회원으로서 일어날 것이며, 악인들은 그리스도의 심판의 능력과 율법의 저주의 능력에 의해서 무덤에서 일어날 것이다. 선택된 자는 영원한 생명으로 일어날 것이지만, 악인들에게는 정죄의 부활이다. 선택된 자의 몸은 영화롭고, 능력이 있지만, 악인의 몸은 영원한 형벌에 맞추어진 몸이 될 것이다.[114]

> **33.3.** 그리스도께서 장차 심판 날이 있을 것을 우리로 절대적으로 확신시켜 주심으로서, 모든 사람들로 죄를 짓지 못하게 하시고, 역경 가운데 있는 경건한 자들에게 큰 위로를 주신다.(벧후3:11,14; 고후5:10,11;

---

114 James Ussher, *A Body of Divinity* (Herdon: SGBC, repint 2007) 참조.

살후1:5-7; 눅21:27,28; 롬8:23-25). 또한 그리스도는 그날을 사람들에게 알려지지 않게 하셔서, 그들로 모든 육적인 안전보장을 떨쳐버리게 하시고, 항상 깨어 있게 하시는데, 그들이 주께서 오실 날을 알지 못하기 때문이며, "주 예수여, 속히 오시옵소서 아멘"이라고 말할 수 있는 준비가 항상 되어 있게 하신다(마24:36, 42-44; 막13:35-37; 눅12:35, 36; 계22:20).

마지막 심판의 교리의 목적은 선택된 자에게는 경건한 삶을 도전하는 것이며, 악인에게는 하나님의 공의의 심판이 있을 것에 대한 확증의 기능을 한다.

후기

웨스트민스터 신앙고백서 1903년 개정판과 한국장로교회
(Revision of the Westminster Confession of Faith 1903 and Korean Presbyterian Church)

가. 미국장로교회의 표준문서

미국장로교회의 1729년 대회는 장로교회의 정체성 확립을 위해서 서명법규(Adopting Acts)를 통과시켰다. 이로써 웨스트민스터 신앙고백서와 대-소요리문답서는 미국장로교회의 고백(the confession of our faith)으로 채택되었고,[115] 웨스트민스터 신앙고백서는 미국장로교회의 표준(Standard) 문서가 되었다. 1788년 미국 장로교회는 4개의 대회로 구성된 총회를 조직하였다. 총회는 1729년의 서명 법규를 확인하였다.[116] 그리고 총회는 국가와 교회의 분리라는 아메리카의 새로운 이론에 맞추어서 웨스트민스터 신앙고백서와 대요리문답서를 수정(amended)하였다.[117]

---

115 Minutes of The General Synod 1729, 104.
116 목사 안수의 조건으로서, "당신은 웨스트민스터 신앙고백서가 성경 안에서 가르치고 있는 교리의 체계를 담고 있는 것으로서 신실히 받아들이고 채택하십니까?"의 질문에 대해서 확고한 대답이 있어야 했다.
117 Lefferts A. Loetscher, *A Brief History of the Presbyterians* (Philadelphia: Westminster Press, 1983), 77.

그런데 미국장로교회 안에서 웨스트민스터 신앙고백서에 대한 도전은 찰스 피니(Charles Finney)로부터 일어났다. 피니는 미국장로교회가 웨스트민스터 신앙고백서를 표준문서로 사용하는 것에 대해서, 17세기 문서를 19세기에 사용한다는 것이 말이 안 된다고 하면서 심각하게 비난하였다.[118] 피니의 개혁신학에 대한 도전은 1837년 미국장로교회를 구학파와 신학파로 나누었다. 미국장로교회 내에서 웨스트민스터 신앙고백서에 대한 도전은 1887년부터 다시 일어났다. 1889년 총회에서 15개 노회가 웨스트민스터 신앙고백서에 대한 개정(revise) 헌의를 제출하였다. 총회는 개정위원회를 구성하였고,[119] 1893년 총회에서 개정에 대한 표결을 하였으나 부결되었다.[120] 그러나 1900년 봄에 다시 웨스트민스터 신앙고백서 개정 논의가 시작되었고, 결국 1903년 총회에서 웨스트민스터 신앙고백서가 개정되었다.[121]

200년 동안 표준문서로 인정되어 왔던 웨스트민스터 신앙고백서가

---

118 Charles Finney, *Lecture on Systematic Theology* (New York: George Doran Company, 1878), xii.
119 Geo Hays, *Presbyterians* (New York: J. A. Hill, 1892), 364-376.
120 Lefferts Loetscher, *The Broadening Church* (Philadelphia: University of Pennsylvania, 1954), 47.
121 미국의 시민전쟁 가운데, 미국장로교회에서 남쪽의 교회들이 분리되었다. (1861년) 이때 남장로교회는 'The Presbyterian Church in the Confederate States of America'로 이름 하였다가 전쟁 후에 'Presbyterian Church in the United States'로 개명하였다. 따라서 분리 후에 미국장로교회를 북장로교회라고 부르기도 한다. 참고로 1903년 웨스트민스터 신앙고백서를 개정하기 직전인 1902년의 미국장로교회 혹은 북장로교회는 32대회와 233개의 노회로 구성되었고, 1,045,338명의 세례교인과 1,063,683명의 주일학교 학생이 있었다. 그리고 7,617명의 목회자와 7,748개의 교회가 있었으며, 750명의 해외선교사가 파송되어 있었다. (International Year Book 1902, 559)

19세기에 이르러 여러 도전을 받다가 결국 개정된 것이었다. 1903년의 미국장로교회의 웨스트민스터 신앙고백서의 개정에 대해서 존 머레이(John Murray)는 개정의 신학적 입장을 결코 받아들일 수 없다고 말하였고,[122] 프린스톤 신학교 교수이었던 레퍼츠 로에츠쉬(Lefferts Loetscher)는 미국장로교회가 신학적으로 문이 넓어지는 사건 중 하나로 취급하였다.[123] 자유주의 신학적 입장을 가지고 있었던 어네스트 톰슨(Ernest Thomson)은 1931년의 Union Seminary Review에 "북장로교회는 신학적으로 올바른가?"라는 소논문을 게재하였는데, 브릭스의 이단 재판, 1903년의 웨스트민스터 신앙고백서 개정, 어반 확인서에 대한 서명(Auburn Affirmation), 프린스톤 신학교의 재구성을 들면서 북장로교회는 영적으로 건강하며, 믿음에 있어서 근본적으로 올바르다고 말하였다. 그러나 하트(D. G. Hart)와 무에더(Muether)는 톰슨의 이러한 주장은 고백주의적 장로교들에게는 결코 받아들일 수 없는 것이라고 하였다.[124] 에드윈 라이언(Edwin H. Rian)은 미국장로교회의 불신앙의 시작으로 보았다.[125]

---

122 John Murray, "Shall we Include the Revision of 1903 in Our Creed?" *Presbyterian Guardian* Vol 2 (September 1936), 251.
123 Lefferts Loetscher, *The Broadening Church*, 39–42, 83–89.
124 D. G. Hart and John Muether, *Seeking a better country*: 300 *Years of American Presbyterianism* (Phillipsburg: P&R Publishing, 2007), 205–206.
125 Edwin H. Rian, *The Presbyterian Conflict* (Philadelphia: The Committee for the Historian of the Orthodox Presbyterian Church, 1992), 7.

나. 1903년의 웨스트민스터 신앙고백서의 개정

1900년의 총회에서 웨스트민스터 신앙고백서의 개정에 대한 헌의가 있었다. 빙햄톤 노회를 포함하여 15개의 노회가 웨스트민스터 신앙고백서의 개정과 새로운 신조에 대해서 헌의하였고, 빌레어스빌 노회를 포함하여 23개 노회가 보다 짧은 새로운 신조에 대해서 헌의하였다.[126] 총회는 8명의 목회사와 7명의 장로로 위원회를 구성하고, 위원은 총회장이 지명하여 웨스트민스터 신앙고백서의 교리들의 재서술 문제에 대해서 고려하도록 하고, 다음 총회에 교회가 어떻게 해야 할지에 대해서 보고하도록 하였다.[127] 이때 위원으로 지명된 월필드는 지명을 고사하였다. 그리고 그는 "세상의 변화하는 경향에 맞추어 웨스트민스터 신앙고백서의 선언들을 낮추는 시도를 하면서 교회의 에너지를 헛된 것에 낭비하는 것을 보는 것이 나에게는 표현할 수

---

126 Minutes of the General Assembly of the Presbyterian Church in the U. S. A. 1900, 35, 46.
127 Minutes of the General Assembly 1900, 99.

없는 슬픔이다"이라고 하였다.[128] 위원회는 1900년 8월 14일에 모여서 4개의 질문을 각 노회에 보내어 12월 1일까지 답변을 받기로 하였다.

1901년 4월에 위원회는 202개의 노회로부터 최종적 답변을 받았다. 63개의 노회가 웨스트민스터 신앙고백서의 개정에 호의적이었으며, 68개의 노회가 추가의 진술의 형태를 원하였다. 위원회는 1901년 5월 총회에 그동안의 조사결과와 권장 사항을 제출하였다. 교회가 개정을 원하고 있으며, 여러 교회가 교리들을 새로운 현대적 서술로 변경되기를 원한다고 보고하였다, 그리고 많은 노회들이 웨스트민스터 신앙고백서의 제3장, 10장 3항, 16장 7항, 22장 3항, 25장 6항을 개정해서 하나님의 우주적 사랑과 선교와 성령에 관련하여 추가적 서술이 필요하다고 보고하였다.[129] 따라서 총회는 웨스트민스터 신앙고백서 개정 준비를 위해서 21명으로 구성된 개정위원회를 조직하였다.[130]

1902년 총회에서 개정위원회는 5번의 모임이 있었음을 보고하고, 개정권고안을 다음과 같이 제출하였다: "모든 사람을 위한 하나님의 사랑과 선교와 성령에 대한 추가적 서술들을(Additional statement) 신앙고백서에 새로운 장으로 추가하는 것을 우리는 권고합니다. 제3장과

---

128 Lefferts Loetscher, *The Broadening Church*, 83.
129 Minutes of the General Assembly 1901, 105, 106.
130 Minutes of the General Assembly 1901, 107.

10장 3항에 관하여는 선언의 서술(Declaratory Statement)을 우리는 권고합니다. 제 16장 7항과 22장 3항, 그리고 25장 6항에 관하여는 본문 변경(textual modification)을 권고합니다."[131] 이러한 권고에 대해서 개정위원회는 총회에서 그 내용과 범위를 설명하였다. 3장에 관하여서 특별히 유기에 관련된 하나님의 영원한 작정 교리는 어떤 죄인의 죽음도 하나님은 원치 않는다는 교리와 조화를 이루게 해석해야 하며, 10장 3항에 있어서 유아기에 죽은 모든 유아는 선택의 은혜에 포함된다고 믿으며, 16장 7항의 중생하지 않은 자의 선행은 '죄된 것(sinful)'에서 하나님의 요구에 이르지 못하는 것으로 바꾸고, 22장 3항에서 '합법적인 권위에 의하여 부과된 선하고 바른 맹세를 거부하는 것은 죄다'는 문구를 삭제하며, 25장 6항에서 로마 교황이 적그리스도라는 표현을 제거하고, 추가적 장으로서 34장은 성령에 대하여 4항으로 구성시키고, 35장은 하나님의 사랑과 선교로 4항으로 하는 권고안을 제출하였다.[132]

1903년에 미국장로교회는 자신들의 표준문서인 웨스트민스터 신앙고백서를 개정위원회의 권고안대로 개정하였다. 웨스트민스터 신앙고백서의 개정에 대해서 로에츠쉬는 "교회가 시대의 영에 응답해서 신학적 변경을 할 준비가 되었다는 것을 보여주는 것이며…… 교회가 바로 점진적으로 신학적 변경을 하는 중요한 단계에 있다는 것을 보

---

131 Minutes of the General Assembly of the Presbyterian Church in the U. S. A. 1902, 88.
132 Minutes of the General Assembly 1902, 88-90.

여주는 것"이라고 평가하였다.[133] 어반 신학교의 교수인 알렌 둘레스 (Allen Macy Dulles)는 "미국장로교회의 웨스트민스터 신앙고백서 개정은 칼빈주의를 포기한 것이다"라고 하였다.[134]

---

133 Lefferts Loetscher, *The Broadening Church*, 89.
134 Allen Macy Dulles, *The True Church* (New York: Fleming Revell Company, 1907), 278.

다. 웨스트민스터 신앙고백서 개정 이후와 신학적 평가

웨스트민스터 신앙고백서를 개정한 직후부터 미국장로교회는 컴버랜드 장로교회(Cumberland Presbyterian Church)와의 연합을 논의하기 시작하였다. 그리고 미국장로교회는 1906년에 컴버랜드 장로교회와 재결합(reunion)과 연합(union)을 하였다.[135] 컴버랜드 장로교회는 1810년 칼빈주의를 포기하고 미국장로교회를 떠난 교회인데, 윌빌드가 지적한 것처럼 알미니안 신학에 물든 장로교회였다. 그러나 이제 웨스트민스터 신앙고백서가 개정됨으로 말미암아 미국장로교회는 컴버랜드 장로교회와 더 이상 신학적 차이를 느낄 수가 없게 되었다. 미국장로교회의 컴버랜드 장로교회와의 재결합과 연합은 1903년 웨스트민스터 신앙고백서를 개정한 이후 교단이 더욱 신학적으로 포용성을 가지며 한편으로는 분명하게 칼빈주의에서 떠나가는 것을 의미한다. 1903년 웨스트민스터 신앙고백서를 개정한 직후에 "수정한 교리

---

135 총회에서 의제를 Reunion and Union with the Cumberland Presbyterian Church로 불렀다.

는 없다. 따라서 교회는 이전에 있던 곳에 그대로 서 있다"라고 말하였지만,[136] 컴버랜드 장로교회와의 재결합과 연합은 이러한 주장이 잘못된 것임을 증거하는 것이었다. 왜냐하면, 웨스트민스터 신앙고백서의 개정 내용은 벤자민 월필드(Benjamin Warfield)가 지적한 것 같이 알미니안 신학화 되는 것을 의미하고 있는데, 하나님의 구속의 선택주의(particularism)를 모호하게 만들고, 그리스도의 속죄의 사역을 보편적으로 만드는 경향이 뚜렷하기 때문이다.[137] 개정된 웨스트민스터 신앙고백서의 35장(추가된 것)에서는 모든 사람을 위한 하나님의 사랑만을 언급하고 하나님께서 어떤 자를 구원으로 선택하셨다는 것을 의도적으로 누락시킨 것을 보면 더욱 분명하게 알 수 있다. 이 점에 대해서 네드 스톤하우스(Ned B. Stonehouse)는 다음과 같이 언급하였다: "[개정 이전의] 웨스트민스터 신앙고백서가 성경적인 하나님의 사랑에 대한 교리를 내려놓았다는 것은 사실이 아니다. 자신의 백성을 위한 하나님의 선택적(particular) 구원의 사랑은 성경의 핵심이며, 기독교와 복음의 진수이고, 또한 칼빈주의의 핵심이다. 이러한 사랑의 구속의 교리는 한쪽으로 치우쳐 하나님의 사랑만을 설교하는 것을 피하게 한다. 그런데 [한쪽으로 치우쳐 하나님의 사랑만을 설교하는 것이] 오늘날 매우 일반적이다. 이것의 결과는 하나님의 의로우심과 거룩함과 인간의 근본적인 죄성을 그냥 지나치도록 만든다."[138] 웨스트민스터 신앙고백

---

136 Lefferts Loetscher, *The Broadening Church*, 89; *Presbyterian Journal* (May 1903), 14.
137 Edwin Rian, *The Presbyterian Conflict*, 10.
138 Edwin Rian, *The Presbyterian Conflict*, 10; Ned B Stonehouse, "Have We Dropped the Love of God?" *Presbyterian Guardian* 3 (December 1936), 119.

서 10장 3항의 개정에 대해서 존 머레이(John Murray)는 교회의 신조로 받아들일 수 없다고 하였다.[139]

1903년의 웨스트민스터 신앙고백서 개정은 미국장로교회가 공식적으로 칼빈주의에서 벗어나는 역사적 시점이 되었다. 신앙고백서를 개정하게 한 외부적인 요소이며 장로교회의 신학적 정체성을 흐리게 한 것은 게할더스 보스(Geerhardus Vos)가 1901년 가을 프린스톤 신학교 개강예배에서 지적한 것처럼, 독일 신학자 알버트 리츨(Albert Ritschl)의 영향을 받은 것이었다.[140]

한편으로 개정주의자이었던 헨리 반 다이크(Henry Van Dyke)는 현대 신학의 언급들이 과거의 신학 서술보다 더욱 뛰어나다고 평가하면서, 현대 신학과 맞지 않는 웨스트민스터 신앙고백서를 개정해야 한다고 하였으며, 1901년 개정을 강조한 조오지 스테왙트(George Stewart) 역시 20세기의 과학, 철학, 신학의 용어에 맞도록 웨스트민스터 신앙고백서를 개정해야 한다고 주장하였다. 따라서 1903년의 웨스트민스터 신앙고백서 개정은 현대신학에 영향을 받은 자들에 의해 이루어진 것이다.

웨스트민스터 신앙고백서의 개정의 또 하나의 외부적 요인은 그 당

139　Edwin Rian, *The Presbyterian Conflict*, 10; John Murray, "Shall We Include the Revision of 1903 in Our Creed?" *Presbyterian Guardian* 2 (September 1936), 251.
140　Lefferts Loetscher, *The Broadening Church*, 86.

시 진화론과 영국과 독일의 이성주의, 성경비평에 강하게 영향을 받고 있었던 종교적 보편주의이다. 필립 샤프(Philip Schaff)는 비-선택자의 유아의 죽음과 영원한 정죄, 전 세계의 2/3 이상을 구성하고 있는 비-기독교적인 세상(이교도, 유대인, 모슬렘)의 정죄를 정면으로 반대하면서 웨스트민스터 신앙고백서의 개정을 강조하였다. 웨스트민스터 신앙고백서 개정 운동 배경에 보편주의가 있는 것을 알고 있었던 윌리엄 쉐드(William Shedd)는 철학에서는 유물론이 일어나고 있으며, 종교에서는 보편주의가 일어나고 있는 이 시대에 칼빈주의가 보다 심각한 도전을 받고 있다고 하였다.[141]

1903년의 웨스트민스터 신앙고백서 개정의 내부적 요인으로 미국 장로교회 안에서 알미니안주의에 대해서 호의를 가지고 있는 자들이 일어난 것이다. 필립 샤프는 칼빈주의는 급격히 죽어가고 있으며, 개혁교회중심에 알미니안주의가 확장되고 있으며, 현대의 부흥 운동과 세계선교 운동 그리고 교회 성장운동은 웨슬리안 감리교와 복음적 교단들에 의해서 이루어지고 있기 때문에, 웨스트민스터 신앙고백서를 반드시 개정해야 한다고 주장한 바 있다. 브릭스는 감리교의 중생교리가 탁월하다고 말한 바 있다. 다이크도 감리교와 성공회의 성장을 증거로 들면서 알미니안주의를 긍정적으로 평가하였다. 웨스트민스터 신앙고백서의 개정을 강조하였던 자들의 이러한 주장들은 미국장로교회 내에서 알미니안주의가 상당히 힘을 얻고 있음을 보여주는 것

---

141 William Shedd, *Calvinism: Pure and Mixed A Defence of the Westminster Standards*, (New York: Charles Scribner's Sons, 1893), vi, vii.

이다. 그래서 개정을 반대하였던 윌리엄 쉐드는 미국장로교회 내에서 유기 교리를 부정하고, 알미니안주의의 신인협력설(Arminian Synergism)을 주장하고, 원죄를 부정하는 자들이 일어나고 있다고 지적하였던 것이다.[142]

웨스트민스터 총회원들이 웨스트민스터 신앙고백서를 작성할 때, 그들의 가장 중요한 목표와 목적은 성경의 교리들을 바르게 이해하게 하며, 더욱이 오류와 무지로부터 벗어나게 하는 것이었다. 더욱이 웨스트민스터 신앙고백서에서 2대 오류 가운데 하나로 지적하였던 알미니안주의를 미국장로교회는 수용하면서 신앙고백서를 개정한 것이다. 이는 교회가 세상의 사조와 방식을 추구할 때, 나타나는 현상으로서 오늘날의 한국장로교회 내에서도 쉽게 볼 수 있다.

---

142 William Shedd, *Calvinism: Pure and Mixed A Defence of the Westminster Standards*, iii, iv.

라. 한국장로교회와 웨스트민스터 신앙고백서

오늘날 한국장로교회는 웨스트민스터 신앙고백서의 1903년 개정판을 사용하고 있는지 아니면 1647년판을 사용하고 있는지를 확인해 볼 필요가 있다. 보수주의를 표방하고 있는 장로교회는 1647년 판을 사용하고 있지만, 진보적 성향의 장로교와 혼합주의적인 장로교회는 1903년 개정판을 사용하고 있다. 물론 보수주의를 표방하는 장로교회이지만 1903년판을 사용하는 교단도 있다. 1647년판을 사용하는 것과 1903년의 개정판을 사용하는 것만으로도 신학적 차이를 분별할 수 있지만 더욱 문제가 되는 것은 장로교 신학 혹은 개혁신학을 따라간다고 하면서 웨스트민스터 신앙고백서가 오류라고 지적하였던 알미니안주의와 도덕률폐기론주의, 그리고 환상주의를 추구하는 교회들이 적지 않다는 것이다.

교회가 오류를 오류로 분별하지 못하고 있는 상태이다. 이는 교회가 영적으로 죽어가고 증거이다. 이러한 영적 상태에서는 교회 속에 명목적 신자(Nominal Christian)가 대부분이며, 위선자들 또한 다수를 차지하고 있다. 영적으로, 신학적으로 죽어가고 있는 교회를 개혁하기 위해서는 가장 우선적으로 진리와 오류를 분별할 수 있게 해야 하며, 더 나아가서 교회들로 오류를 물리치게 해야 한다. 이것을 위해서 한국교회는 웨스트민스터 신앙고백서의 가르침에 충실하고, 웨스트민스터 신앙고백서에서 언급하고 있는 오류들을 물리쳐야 한다. 또한 웨스트민스터 신앙고백서에서 강조하는 진정으로 구원의 은혜가 있는 신자들을 세우는 것이다. 성령의 유효한 부르심이 분명하게 있으며, 그로 인하여 그리스도에게 연합된 증거가 외적으로도 나타나는 신자들을 세울 때 한국교회는 소망이 있는 것이다.